Eckehart Weiß

Musteraufsätze – erläutert und kommentiert

5. bis 7. Schuljahr

Bange Verlag

Über den Autor der Lernhilfe:

Eckehart Weiß, geboren 1949 in Wunsiedel, unterrichtet Deutsch und Englisch an einem Bamberger Gymnasium. Er hat in Erlangen und Berlin studiert, unterrichtete lange in Hildesheim, leitete dort auch eine Orientierungsstufe. Seit 1990 wieder in Bayern, übte er die Aufgabe des ersten Fachbetreuers Deutsch aus.
Seit dem Jahre 2004 ist er auch als Seminarlehrer tätig.
Mit einem Team von Schülern und Lehrern hat er das erfolgreiche Internet-Portal www.deutsch-digital.de begründet, nach dessen Modell das Internetportal www.digitale-schule-bayern.de aufgebaut wurde. In den vergangenen zehn Jahren beschäftigte er sich hauptsächlich mit den Einsatzmöglichkeiten des Computers im Deutschunterricht. Zahlreiche Veröffentlichungen hierzu finden sich im Internet und in Fachzeitschriften.

Buchveröffentlichungen:
Wie schreibe ich einen Aufsatz? 5. – 6. Schuljahr.
Hollfeld: Bange Verlag, 2005.
Berichten – Erzählen – Beschreiben, eine Einführung in alle kreativen Aufsatzformen.
Hollfeld: Bange Verlag, 2004.
Zusammen mit Peter Thulke gab er den Band *Bildergeschichten für die Unterstufe*, Reihe Königs Kopiervorlagen, Hollfeld: Bange Verlag, 2004, heraus.

1. Auflage 2006
ISBN-10: 3-8044-1501-6
ISBN-13: 978-3-8044-1501-0

Gestaltung: imprint, Zusmarshausen
Lektorat: Sabine Gebhardt
Druck und Weiterverarbeitung: Finidr, s. r. o., Český Těšín

Inhaltsverzeichnis

Vorwort

Liebe Schülerinnen und Schüler, liebe Eltern,

Gute Aufsätze zu schreiben ist keine Hexerei: Jede Aufsatzform hat typische Merkmale und bestimmte Regeln – hält man sich daran, kann man eigentlich nicht mehr viel verkehrt machen, um zu einem guten Ergebnis zu gelangen.
Dieses Buch gibt Schülerinnen und Schülern für alle Aufsatzformen, die im Deutschunterricht der weiterführenden Schulen in der Unterstufe vorkommen, eine klare Arbeitsmethode an die Hand.
Jeder Aufsatzform geht eine Einführung voran, in der erläutert wird, welches die wesentlichen Merkmale dieses Texttyps sind und welche Arbeitsschritte nötig sind. Wie dies praktisch angewandt wird, zeigen die kommentierten Musteraufsätze, an denen die Schülerinnen und Schüler nachvollziehen können, wie sie vorgehen müssen beim Schreiben.
Berichten: Hier geht es darum, sachlich, genau und sprachlich korrekt von einem Ereignis zu berichten.
Beschreiben: In dieses Kapitel gehören das genaue Beschreiben von Vorgängen und Tätigkeiten, die Beschreibung eines Gegenstandes, eines Weges oder einer Person.
Gestalterisches Schreiben: Unter diesem Oberpunkt ist die weite Palette an kreativen Aufsatzformen versammelt. Dazu gehören das große Gebiet des Erzählens und auch Aufsatzformen, die den Schüler bereits zum literarischen Schreiben anregen, wie in Fabeln und Eulenspiegelgeschichten.
Argumentieren: Einfache und komplexere argumentierende Aufsatzformen bis hin zur Stellungnahme werden vorgestellt.
Inhaltsgabe: Erläutert wird die Methodik für die Inhaltsangabe literarischer Texte sowie von Sachtexten, wie sie beispielsweise im bayerischen Deutschtest der 7. Klasse gefordert ist.
Die Aufsatzformen sind nicht nach Klassen angeordnet, sondern nach aufsteigendem Schwierigkeitsgrad. So spielen die leichten Verschiebungen in den Lehrplänen der einzelnen Bundesländer keine Rolle.
Dieses Buch eignet sich zum Nachschlagen, Nachlesen und vor allem zum Nachahmen – damit es leichter wird, gute Aufsätze zu schreiben. Es entstand durch die gute Zusammenarbeit mit Schülerinnen und Schülern, Kolleginnen und Kollegen.

Ihnen allen herzlichen Dank.

Eckehart Weiß, in Zusammenarbeit mit Carmen Rascher

1. Berichten

Wenn du berichtest, dann möchtest du eine andere Person genau und knapp über ein Ereignis informieren. Die Form, die der Bericht haben sollte, hängt entscheidend davon ab, für wen du ihn schreibst. Hast du zum Beispiel einen **Unfall** verursacht oder beobachtet, dann geht es um eine ganz genaue Berichterstattung, weil es um Schäden und damit auch um Kosten geht. In der Regel wählst du als Form den formalen Brief, etwa als Brief an eine Versicherung.
Berichtest du über ein **Ereignis in der Schule**, hast du mehr Freiheit. Diesen Bericht schreibst du für die Klassen- oder Schülerzeitung, manchmal auch für den Jahresbericht. Bei diesem Bericht kommt es darauf an, dass du die wichtigen Elemente des Ereignisses deutlich hervorhebst. Der Leser möchte das Besondere an dem, was gewesen ist, nachvollziehen können.
Die gleichen Regeln gelten, in etwas anspruchsvollerer Form, für einen **Zeitungsbericht**. Schließlich gibt es noch die **Reportage**, die auch erzählende Elemente enthält. Dabei versuchst du, unter einem allgemeinen Blickwinkel dein Thema zu erfassen. Dabei mischst du Sachinformationen mit Beobachtungen, die du selbst gemacht oder erlebt hast.

In allen Formen eines Berichtes müssen die journalistischen W-Fragen beantwortet werden: **Was** ist geschehen? **Wer** war daran beteiligt? **Wann** ist es geschehen? **Wo** ist es geschehen? **Wie** ist es geschehen? **Warum** ist es geschehen? **Welche Folgen** hat das Ereignis?

Hinzu kommt eine weitere W-Frage: Aus welcher Quelle kommen die Informationen? Diese Frage musst du nur beantworten, wenn du Informationen aus zweiter Hand verwendest (Zeugen, Experten, Literaturangaben, Statistiken).
Diese W-Fragen sind Suchfragen. Schreibe sie auf ein Notizblatt und füge alle Informationen, die du hast, zu den einzelnen Fragen hinzu, ehe du daraus deinen Bericht schreibst. Zu jeder Frage gibt es allgemeine Informationen, aber auch ganz genaue.

1.1 Unfallbericht

Der Unfall *Zeichnung: Peter Thulke*

Aufgabe

Verfasse einen Brief an deine Versicherung, in dem du den Unfall entweder aus dem Blickwinkel des Unfallverursachers schreibst, das ist das Mädchen, das dem Ball nachläuft. Oder du schreibst aus dem Blickwinkel eines Geschädigten, das sind der Rennradfahrer und die Autofahrerin.

Die Namen der beteiligten Personen darfst du frei erfinden. Der Hauptzeuge ist der Junge, der alles beobachtet hat. Du schreibst an die Haftpflichtversicherung.

Tipp

Dazu musst du wissen, welche Form ein Brief haben soll. Die im folgenden Beispiel angegebenen Elemente können je nach Vorgabe des Lehrers auch verändert werden.

M
Muster-
aufsatz

Brief an eine Versicherung

Bamberg, den 28. April 2005 Elisa Morgen Hirsenweg 2 95051 Bamberg Tel.: 0951/32228 E-Mail: elisam@web.de	Datum Absender auch linksbündig möglich
	Zeile frei
An die Haftpflichtversicherung der HUK-Coburg Bahnhofstraße 4 92304 Coburg	Adresse des Empfängers
	Zeile frei
Betreff: Versicherungsnummer 4428739 Auffahrunfall am 27. April 2005 vor dem Dientzenhofer-Gymnasium Bamberg	Betreff nennt die Hauptinformation. Ganz allgemein: Worum geht es?
	Zeile frei
Sehr geehrte Damen und Herren!	Anrede allgemein
	Zeile frei
Gestern verursachte ich aus Unachtsamkeit einen Auffahrunfall mit einem Radfahrer und einem Personenauto vor dem Dientzenhofer-Gymnasium in der Feldkirchenstraße.	Die W-Fragen allgemein: Wann? Warum? Was? Wer? Wo?
	Zeile frei
Der Unfall ereignete sich folgendermaßen. Nach der Schule wartete ich mit meinem Freund, John Hatt, auf meine Eltern, die mich um 13.10 Uhr abholen wollten, vor dem Haupteingang des Dientzenhofer-Gymnasiums an der Feldkirchenstraße. Um uns die Zeit zu vertreiben, spielten wir ein wenig Fußball auf dem Freigelände im Eingangsbereich. Ich stand in Richtung Feldkirchenstraße und John in Richtung Haupteingang der Schule. John Hatt schoss mir den Ball zu, den ich aber nicht halten konnte.	Überleitungssatz Unfallbericht: Der eigentliche Bericht vertieft die oben genannten W-Fragen. In diesem Bericht ist die genaue Reihenfolge der Ereignisse wichtig: Das beantwortet auch die Frage, wie der Unfall geschehen ist.

Der Ball rollte an mir vorbei auf die Feldkirchenstraße. Ohne nachzudenken rannte ich dem Ball nach und bekam ihn am Straßenrand gerade noch zu fassen. Frau Selina Giebel, die mit ihrem Personenwagen mit geringer Geschwindigkeit von links herankam, musste meinetwegen voll bremsen und kam nur knapp vor mir zum Stehen. Gleich darauf schepperte es, denn hinter ihr fuhr Hans Tillmann mit seinem Rennrad, der zu spät bremste und deshalb auf das Auto auffuhr. Der Unfall ereignete sich genau um 13.10 Uhr.	
Wir riefen die Polizei herbei, die den Schaden aufnahm. Demnach ist das Rücklicht des Golfs zerbrochen. Außerdem finden sich Kratzspuren am linken Kotflügel. Das Fahrrad von Hans Tillmann weist auch erhebliche Schäden auf. Das Vorderrad und das Lenkrad sind völlig verbogen. Die Polizei fotografierte den Schaden und legte auch eine Unfallskizze an. Ein Gutachter wird die tatsächliche Schadenshöhe ermitteln. Nach Aussagen der Polizei trifft den Fahrradfahrer auch eine Teilschuld, weil er zu dicht aufgefahren ist. Dennoch könnte ich zur Rechenschaft gezogen werden. Die vermutete Schadenshöhe dürfte nach vorsichtigen Schätzungen bei 1000 Euro für die Schäden am Golf und bei 150 Euro am Fahrrad liegen.	Schadensaufnahme Welche Folgen? Schadenshöhe Teilschuld des Radfahrers
	Zeile frei
Mein Klassenkamerad John Hatt kann den Unfall bezeugen. Er bestätigte für das Polizeiprotokoll, dass ich vollkommen kopflos auf die Straße gerannt sei. Er sah auch das Auto von Frau Giebel, das sich mit geringer Geschwindigkeit genähert habe. Der Fahrradfahrer sei dem Auto aber wirklich sehr dicht gefolgt.	Zeugenaussagen: Welche Quelle? Achtung: Indirekte Rede beachten!

	Zeile frei
Die Adressen der am Unfall beteiligten Personen lauten: Selina Giebel, Fahrerin des Personenautos: Richard-Straße 7, 96049 Bamberg. Das amtliches Kennzeichen des Autos: BA – X – 749. Hans Tillmann, Radfahrer, Wagner-Straße 5, 96049 Bamberg. John Hatt, Zeuge, Ferdinand-Straße 9, 96049 Bamberg. Das Protokoll des Unfalls trägt die Nr. 4305 und kann bei der Polizeidienststelle Bamberg, Graf-Stauffenberg-Straße 4, angefordert werden.	Personenangaben: Sachinformationen Wer?
	Zeile frei
Hans Tillmann hat ebenfalls seine Versicherung, die Allianz, Versicherungsnummer 479874, informiert.	Weitere Information
	Zeile frei
Ich bitte Sie, den Schaden zu regeln und die Zuständigkeiten mit der Versicherung von Hans Tillmann zu klären, auch wenn ich mich für den Unfall alleine verantwortlich fühle.	Bitte Regeln der Höflichkeit beachten!
	Zeile frei
Schon jetzt möchte ich mich für Ihre Bemühungen bedanken. Mit freundlichen Grüßen Ihre Elisa Morgen	Briefschluss: Dank und Grußformel
	Zeile frei
PS: Das Unfallgutachten schickt Ihnen die Werkstatt von Frau Giebel unaufgefordert zu.	Post Scriptum: Mit einem Nachsatz kannst du Informationen beifügen, die du vergessen hast oder die nur indirekt mit dem Bericht zu tun haben.

Anlagen: 1. Foto des beschädigten Autos 2. Foto des beschädigten Fahrrads 3. Skizze des Unfalls	Anlagen: Wichtige Dokumente, die die Richtigkeit deiner Aussagen belegen Anlagen durchummerieren

1.2 Bericht nach einer Bildergeschichte

Du bekommst eine gezeichnete Geschichte vorgelegt. Bildergeschichten eignen sich sowohl zum Erzählen als auch zum Berichten. Für deinen Bericht fragst du die bekannten W-Fragen ab. In die Überschrift packst du die wichtigste Information in Kurzform. Sie soll den Leser neugierig machen auf den folgenden Text. Am Anfang des Berichtes fasst du erst die allgemeinen Antworten auf die W-Fragen in einem Vorspann zusammen, der vor dem eigentlichen Bericht steht und bereits eine Kurzinformation über das Ereignis gibt. Erst dann folgt der Bericht. Dieser folgt wiederum der Logik der Handlung, das bedeutet, der Reihenfolge der Ereignisse.

Der Bericht besteht aus einer **Überschrift**, die den Leser auf den Text neugierig machen soll, einem **Vorspann**, der das Ereignis in Kurzform wiedergibt, und dem eigentlichen **Bericht über das Ereignis.**

1

2

3 4

Die Teppichlist *Zeichnung: Eckhard Lange*

Die Teppichlist

Musteraufsatz

Die Teppichlist

Überschrift, die neugierig macht

Autos blieben vor einem vorgetäuschten Zebrastreifen stehen: Ein elfjähriges Mädchen brachte am Montag, 27. Januar 2003, durch eine List kurzfristig den Verkehr in der Innenstadt zum Erliegen.

Vorspann: Was ist geschehen? Wer? Wann? Wie? Welche Folgen?

Die elfjährige Anna Maier, die seit einer Woche die 5. Klasse des Clavius-Gymnasiums besucht, ärgerte sich über den dichten Verkehr bei der ampel- und zebrastreifenlosen Kapuzinerstraße, die sie frühmorgens überqueren muss, um zum Clavius-Gymnasium zu kommen. Als sie es satt hatte, immer auf eine Lücke zwischen den Autos zu warten, fiel ihr ein, dass der schwarzweiß gestreifte Teppich in ihrem Kinderzimmer große Ähnlichkeit mit einem Zebrastreifen hat.

Grund für ihre Idee – Warum? Dieser Gedanke steht nicht in der Bildergeschichte. Du darfst und sollst auch Gedanken hinzufügen, wenn sie helfen, deinen Text rund zu machen.

Am nächsten Schultag rollte sie den Teppich kurz entschlossen zusammen, warf ihn über

Kern des Berichts: die Abfolge der

die Schulter, nahm die Schultasche in die Hand und lief zur Kapuzinerstraße.

Handlungen der Reihe nach, wie sie sich ereignet haben

Als eine kleine Lücke zwischen den Autos entstand, rollte Anna den Teppich mit einem Wurf schnell auf der Straße aus. Nach dem ersten Schritt, den sie auf dem Teppich machte, hielten alle Autos mit quietschenden Reifen an. Nachdem sie bequem die Straße überquert hatte, zog sie den Teppich schnell wieder weg und die Autos zischten wieder los.

Die Folgen ihres Streichs

Bürgermeister Manfred Müller hatte Annas Streich beobachtet und wollte sie zur Rede stellen. Doch er stand gerade auf der anderen Seite der Kapuzinerstraße und kam in dem dichten Verkehr nicht hinüber. Er ärgerte sich derartig, dass er das Stadtbauamt anwies, einen Zebrastreifen in der Kapuzinerstraße anzulegen.

1.3 Bericht über ein Ereignis an der Schule

Aufgabe

Verfasse zum folgenden Thema aus den Informationen, die dir zur Verfügung stehen, einen sachlichen, aber auch interessanten Bericht für die Schülerzeitung. Überlege dir dazu eine aussagekräftige Überschrift, damit der Leser weiß, worum es geht.

Der Wintersporttag

Aus der Ansprache des stellvertretenden Schulleiters des Gymnasiums Hohenschwangau, Herrn Studiendirektor Peter Däxle, bei der Preisverleihung im Schisportzentrum Pfronten-Steinach:
Vielen Dank an die Sportlehrer, die das alles organisiert haben: Ein wunderbares Naturerlebnis für unsere Schüler, das die Schulgemeinschaft stärkt. Die Schule hat sich mit dem Snowboard- und Schirennen für Freizeitfahrer und für Leistungssportler als Partner des Leistungssports gezeigt sowie als Förderer des Breitensports.

Aus dem ersten Elternbrief im Schuljahr 2004/2005:
Damit die Schüler und ihre Familien zwei volle Wochen Weihnachtsferien genießen können, hat das Kultusministerium den 5. und 7. Januar 2005 zu beweglichen Ferientagen erklärt. Diese zwei Ferientage müssen allerdings an unterrichtsfreien Tagen eingebracht werden. [...] Unterricht an einem Samstag abzuhalten ist kaum möglich, da das Landratsamt sich finanziell außerstande sieht, alle erforderlichen Schulbusse zur Verfügung zu stellen. Deshalb haben wir beschlossen, am Samstag, den 2. Oktober 2004, einen Wandertag und am Samstag 19. Februar 2005, einen Wintersporttag abzuhalten. Dadurch können wir den Ablauf dieser beiden Tage örtlich und zeitlich flexibel gestalten, um Transportprobleme zu vermeiden.

Gespräch unter zwei Schülern:
Eva: „Was machst du am Wintersporttag? Schi fahren, Snowboarden, Schlitten fahren, Langlaufen oder einfach Wandern? An welchem Ort nimmst du teil: In Breitenberg, Pfronten-Steinach oder in Tegelberg?"
Egon: „In Pfronten. Wird sicher cool, Snowboarden statt langweilige Schule! Super!"
Eva: „Ja, aber eine Pflichtveranstaltung am Samstag finde ich trotzdem doof. Da will ich doch machen, was ich will."
Egon: „Na ja, wir müssen nun mal einen Ferientag reinholen. Ist auf jeden Fall besser als Unterricht!"
Eva: „Stimmt, und etwas zusammen mit den Schulkameraden zu unternehmen macht schon auch Spaß. Machst du beim Schulrennen mit?"
Egon: „Na klar! Wenn die Veranstaltung um 11.30 Uhr zu Ende ist, dann werde ich mir einen der verbilligten Schipässe kaufen, die es für uns gibt und privat noch weiter Schi fahren."

Sieger der Schulrennen:
Schirennläufer: Emanuel Mayer
Freizeitfahrer: Anna Rehle
Snowboardrennen: Christina Schiebel

Äußere Umstände:
herrliches Wetter, durchgehend Sonnenschein, toller Schnee

Frau Holle *Zeichnung: Eckhard Lange*

Tipp

Du kannst dir auch noch weitere Informationen und Ereignisse an diesem Tag sowie eigene Kritikpunkte – positiv oder negativ – zu den verschiedenen Programmpunkten einfallen lassen. Denke an die aussagekräftige Überschrift, wie sie in einer Zeitung üblich ist.

Der Wintersporttag

M Muster-aufsatz

Schule mal ganz anders
Wintersporttag am Gymnasium Hohenschwangau

Überschrift mit sachlicher Unterzeile

Hohenschwangau. Schule am Samstag und Schule im Schnee, beides war neu für das Gymnasium Hohenschwangau. Ein zusätzlicher Schultag war aufgrund der verlängerten Weihnachtsferien notwendig geworden. In Hohenschwangau wurde dieser am Samstag, dem 19. Februar 2005, nicht im Schulhaus, sondern als Wintersporttag abgehalten.

Kerninformation in Form einer Kurzmeldung als Vorspann

Aus einer großen Palette an Aktivitäten konnten die Schüler aussuchen, was ihnen am meisten Spaß macht. Schi fahren, Snowboarden, Langlaufen, Schlitten fahren oder Wandern standen am Breitenberg, in Pfronten-Steinach und am Tegelberg zur Auswahl. In Pfronten-Steinach konnten die Schüler zudem am Schulwettrennen teilnehmen. In der Kategorie der Schirennläufer erreicht dabei Emanuel Mayer den ersten Platz. Bei den Freizeitfahrern siegte Anna Rehle, und als schnellste Snowboardfahrerin der Schule erwies sich Christina Schiebel.

Was geschieht am Wintersporttag?

„Viel besser als langweiligen Unterricht", fand eine Schülerin die Lösung der Schulleitung, einen vom Kultusministerium angeordneten zusätzlichen Schultag durch einen Wintersporttag einzubringen. Erforderlich war dies geworden, da die Weihnachtsferien dieses Jahr in Bayern – um den Schülern zwei volle Wochen frei zu geben – verlängert worden waren. Da das Landratsamt sich finanziell aber außerstande sah, die für einen normalen Schulbetrieb erforderlichen Busse zur Verfügung zu stellen, hatte sich die Schulleitung zu dieser örtlich flexiblen Veranstaltung entschlossen, um Transportprobleme zu verhindern.

Wie empfinden Schüler diese Lösung?

Grund für die Einführung

Diese Art Unterricht habe den Zweck, sagte der stellvertretende Schulleiter, Studiendirektor Peter Däxle, den Schülern ein Naturerlebnis zu vermitteln und die Schulgemeinschaft zu stärken. Dabei zeige sich die Schule nicht nur als „Partner des Leistungssports", sondern zugleich auch als Förderer des Breitensports. Bei der Siegerehrung bedankte er sich ausdrücklich bei den Sportlehrern der Schule, die die Veranstaltung organisiert hatten.

Welche Folgen für Schule, Schüler und Gemeinschaft?

Im Anschluss an den Wintersporttag hatten alle Schüler die Möglichkeit, für den Nachmittag verbilligte Schipässe zu erwerben. So genossen viele Schüler das herrliche Wetter und den tollen Schnee auch noch nach Ende der Schulveranstaltung.	Schluss Weiterer Verlauf des Tages

1.4 Bericht in journalistischer Form

Ist ein Bericht selbst sehr kurz, wie zum Beispiel eine Polizeimeldungen in der Zeitung, benötigt er keinen Vorspann.
Der Bericht in journalistischer Form handelt ganz grundsätzlich die allgemeinen W-Fragen ab. Die wesentliche W-Frage steht jedoch zu Beginn: Was ist geschehen. Zentral bleibt die Information, nach der der Leser zuerst fragen würde. Es hängt somit ganz vom Empfänger des Berichts ab, welche W-Frage oder welche W-Fragen gleich zu Beginn beantwortet werden.
Die gute Überschrift regt zum Lesen an. Im Gegensatz zur Reportage befindet sich der Schreiber nicht selbst vor Ort, sondern fasst die entsprechenden Sachinformationen zusammen.

Info

Aus dem Polizeibericht einer Zeitung

In der Leine selbst gefangen

Lesetext

In der Leine selbst gefangen	Überschrift
GEROLDSGRÜN – Seine Ausführleine wurde einem schwarzen Terrier am Samstagabend zur tückischen Falle. Der Hund war seinem Herrchen aus Dürrenwaid ausgebüchst. Der Terrier streifte durch das Unterholz des angrenzenden Waldes. Seine lange Ausführleine, die ihm sein Herrchen vorher umgelegt hatte, verfing sich in	Grundinformationen: Terrier fängt sich selbst. (Was, Wer, Wo, Wann, Warum, Wie, Welche Folgen)

der Nähe von Untersteinach in den starken Ästen eines Baumes, woraufhin der Ausflug plötzlich beendet war.

Es ging nun weder vorwärts noch rückwärts, der Jagdhund hatte sich in der Leine selbst gefangen. Da half nur noch lautes Jaulen und Bellen. Der Hund gab sein Bestes und strapazierte seine Stimmbänder. Und er hatte Glück im Unglück: Ein in der Nähe wohnender Untersteinacher hörte das Gebell. In der Annahme, dass jemandem etwas passiert sein müsse, alarmierte der Mann die Polizei.

Erzählerisches Element: Wie verhält sich der Hund?

Die anschließende Suche im Schein der Taschenlampe durch den finsteren Wald gestaltete sich anfangs nicht ganz einfach, denn es war für die vier Polizeibeamten schwierig, die Stelle zu orten, woher das Hundegebell kam. Doch es klappte dann doch. „Fiffi" konnte aus seiner misslichen Lage befreit werden.

Erzählerisches Element: Wie wird der Hund gefunden?

Die Suche nach seinem Herrchen war ebenfalls nicht ganz einfach, und erst durch einen Anruf beim Bürgermeister konnte auch dieses Problem gelöst werden. Nachdem der Hundeeigentümer ermittelt und angerufen worden war, holte der Mann seinen Ausreißer ab.

Wie wird das Herrchen gefunden?

Die Freude bei beiden war dann sichtlich groß und es war am Ende schwierig zu sagen, bei wem die Augen mehr leuchteten, beim Hund oder bei seinem Herrn.

Vertiefung: Welche Folgen?

Harald Schnabel

Info

Dieser Bericht zeigt sehr deutlich, wie wenig schematisch diese Textform ist: Ein Bericht kann sehr neutral und sachlich sein und streng nach fallender Wichtigkeit der W-Fragen geordnet; ein Bericht darf aber durchaus auch kleine erzählende und schildernde Elemente enthalten.

Der schmutzige Hund *Zeichnung: Eckhard Lange*

Reportage

Um eine Reportage zu verfassen, musst du alle Schreibformen sehr gut kennen: Berichten, Erzählen, Schildern, Beschreiben. Die Grundidee besteht darin, dass du ein großes, umfassendes Thema aus einem bestimmten und damit begrenzten Blickwinkel behandelst und damit dem Leser einen Zugang zu diesem großen Thema ermöglichst. Du möchtest dein Wissen und dein Erleben dem Leser so vermitteln, als sei er selbst vor Ort gewesen. Darin liegt der lateinische Ursprung des Wortes „reportare", was schlichtweg „zurückbringen" bedeutet.

In der Reportage wechseln Textpassagen, die **allgemeine Sachinformationen** zum Thema vermitteln ab mit Textpassagen, die das **eigene Erleben des Autors** widerspiegeln. So wird der Leser sowohl sachlich informiert als auch durch lebendige Schilderungen und Beschreibungen, die auch Stimmungen und Gefühle transportieren.

Ein Stück heiliges Land bei uns

Der jüdische Friedhof in Walsdorf bei Bamberg:
ein parkartiges Gelände mit alten Bäumen
Foto: Dr. Ina Brendel-Perpina

Info

Das Foto in der Reportage spricht eine eigene Sprache. Es vermittelt eine Botschaft, die über den Text hinausgeht, zum Beispiel eine Stimmung. Das Bild ist daher nicht nur Illustration, sondern ergänzt den Text.

Muster-aufsatz

Ein Stück heiliges Land bei uns

Der jüdische Friedhof in Walsdorf bei Bamberg

Die Überschrift nennt die Kernbotschaft der Reportage. Die Unterzeile nennt den speziellen Ort.

Der erste Eindruck auf diesem Friedhof ist bewegend und faszinierend zugleich: Die hauchdünne weiße Schneeschicht der ersten Januartage des Jahres liegt unberührt auf dem Hügel vor Walsdorf und bedeckt die zahlreichen Gräber hinter dem schmiedeeisernen Tor mit Stille. Dieses Tor öffnet den Eingang zu einem Mahnmal deutscher Geschichte.

Als Einleitung steht ein Stimmungsbild. Gleichzeitig nennt die Autorin das Hauptthema der Reportage.

Die Spuren der Vergangenheit der Bamberger Juden führen auf den Walsdorfer Judenfriedhof. Mitte des 17. Jahrhunderts errichtet, bot er für mehr als zwei Jahrhunderte die letzte Ruhestätte für zahlreiche Juden aus Bamberg und Umgebung. Unter dem Schatten der großen Eiche begraben, begann für sie auf einem nach Osten abfallenden Hügel außerhalb Walsdorfs die Reise in die Ewigkeit.

Knappe Geschichte des Friedhofs mit Ortsbeschreibung

Die zahlreichen Grabsteine tragen heute die Spuren der Jahrhunderte, denn sie sind der Verwitterung und dem Verfall ausgesetzt. Nur die uralte Eiche scheint der Zeit zu widerstehen; wie ein stiller Herrscher wacht sie über dem Friedhof. Nach jüdischem Verständnis gehört dem Toten die Erde, in die er gebettet wurde, für immer. Kein Lebender darf darüber verfügen. Jüdische Friedhöfe kennen daher keinen Grabkult. Da auch die Bäume nicht gefällt werden dürfen, entstehen parkähnliche romantische Anlagen wie hier in Walsdorf.

Sachinformation über die jüdische Friedhofskultur mit schildernden Elementen, wie es auf diesem Friedhof aussieht

Der fortschreitende Verfall der Grabsteine hat zur Folge, dass deren Inschriften nur noch mit

Beschreibung des Zustands der Grabsteine mit

Mühe zu entziffern sind. Bei genauerem Hinsehen lassen sich jedoch noch einige Zeichen erkennen. Oft verweisen diese jüdischen Symbole auf den Stand der Verstorbenen. So finden sich die segnende Hände auf dem Grab eines Angehörigen des Priesterstandes. Doch nicht alle Symbole sind jüdischen Ursprungs. Auf mehreren Grabsteinen sind Uhren abgebildet – sie verweisen auf die Vergänglichkeit der Lebenszeit. Neben den hebräischen Texten tragen einige jüngere Steine auch deutsche Inschriften, Zeichen einer zunehmenden Eingliederung der Juden.

Details zur Symbolik, verbunden mit historischen Informationen

Bevor die sterbliche Hülle eines Menschen der Erde zurückgegeben wird, erfolgt die rituelle Reinigung in dem dafür vorgesehenen Taharahaus. Das Walsdorfer Taharahaus diente früher zudem als Übernachtungsmöglichkeit für Verwandte, die den Verstorbenen bis an das Grab begleiten wollten. Das laut Inschrift 1742 errichtete Gebäude im Fachwerkstil wurde vor kurzem restauriert.

Beschreibung des Begräbnisrituals mit speziellem Ortsbezug

Der jüdische Friedhof in Walsdorf ist ein Teil unserer deutschen Geschichte und gleichzeitig ein Stück Erde aus dem Heiligen Land, denkt man an den Brauch, dass dem Toten als symbolische Handlung bei der Beerdigung ein Säckchen heilige Erde aus Israel mit in den Sarg gegeben wurde.

Bedeutung des Friedhofs innerhalb der deutschen Geschichte mit weiteren Details zum Begräbnisritus

Möge dieser Gedanke uns alle mit der notwendigen Ehrfurcht erfüllen, wenn wir diese Stätte aufsuchen, welche uns an diejenigen erinnert, die über Jahrhunderte hinweg das jüdische Leben in Deutschland prägten, und sie so vor dem Vergessen bewahren.

Persönlicher Eindruck des Autors mit einer Mahnung an den Leser des Textes

Dr. Ina Brendel-Perpina: Zeitung in der Schule

2. Beschreiben

Beschreiben erfordert erst genaues und aufmerksames Beobachten und dann beim Schreiben große Genauigkeit und sorgfältige Wortwahl. Du musst das, was du beschreibst, selbst verstanden haben, um es mit deinem Text auch für andere nachvollziehbar zu machen.
In der Schule werden Beschreibungen üblicherweise in einen Zusammenhang eingebettet, der verdeutlicht, für wen die Beschreibung gedacht ist. Das kann ein persönlicher Brief sein, eine E-Mail, ein Aushang im Klassenzimmer oder ein Beitrag für die Klassen- oder Schülerzeitung. Diese Form einzuhalten ist beim Aufsatz ein Teil der Aufgabe. Am häufigsten wird der persönliche Brief gewählt. Dazu gehören vor und nach der eigentlichen Beschreibung einige persönliche Worte an den Briefpartner.
Vieles kann man beschreiben: einen Gegenstand, eine Person, einen Weg, einen Vorgang – wie etwas gemacht wird, damit es gelingt. Das kann die Zubereitung eines Gerichts sein, wie etwas gebastelt oder gebaut wird, wie ein physikalischer Versuch abläuft, wie ein Spiel geht.

Beschreibungen folgen grundsätzlich dem Ordnungsprinzip vom Allgemeinen zum Besonderen, vom Großen zum Kleinen oder vom Ganzen zum Detail.

Beschreiben und Berichten gehören gedanklich zusammen, da viele Beschreibungen einen Vorgang mit einschließen. Die Vorgangsbeschreibung beantwortet stets die Frage nach dem Wie: Wie geschieht etwas? So wie beim Bericht die richtige Reihenfolge der Geschehnisse eingehalten werden muss, so muss bei der Vorgangsbeschreibung genau erklärt werden, welche Handlungsschritte aufeinander folgen.

Sehr kritisch musst du für deine Beschreibung die Wörter wählen, damit sie auch genau zu dem Beschriebenen passen, und gegebenenfalls Fachbegriffe nachschlagen.
Die folgenden Beispiele verdeutlichen das Grundprinzip.

2.1 Zubereitung eines Gerichts

Aufgabe

Ein gutes Rezept gibt jeder gerne an Freunde weiter, und in manchen Familien gibt es sogar spezielle Rezepte, die in keinem Kochbuch stehen, denn sie stammen von den Urgroßmüttern und werden immer an die nächste Generation weitergegeben. Jeder von euch hat sicherlich schon einmal selbst etwas Gutes zu essen zubereitet. Verfasse einen Brief an deine Freundin oder deinen Freund, in dem du dein Lieblingsrezept weitergibst.
Viele Kochbücher arbeiten mit Tabellen für die Zutaten und Kurzanleitungen für die Zubereitung. Im Gegensatz dazu sollst du im Aufsatz bei deiner Vorgangsbeschreibung dein sprachliches Können zeigen und Tabellen und Stichpunkte vermeiden. Aufzählungen sind erlaubt, wo sie notwendig sind.

Zubereitung von Obstsalat

Musteraufsatz

Liebe Sabrina,
du hast mich nach einer passenden Nachspeise für das Abendessen bei deiner Geburtstagsfeier gefragt. Ich glaube, dass ein Obstsalat bei allen Gästen gut ankommt. Ich habe das Rezept schon einige Male ausprobiert und meine Freunde waren immer begeistert und haben alles aufgegessen.

Schreibanlass: Bitte um ein Rezept

Für die Zubereitung benötigst du frisches Obst, das du dir am besten auf dem Markt besorgst. Je nach Jahreszeit kaufst du zum Beispiel Orangen, Birnen, Äpfel, Bananen, Ananas, Kiwis und Weintrauben. Für drei bis vier Personen benötigst du insgesamt etwa ein reichliches Kilogramm. Wenn du etwas zu viel besorgt hast, macht das ja nichts, denn du kannst ja ein paar Äpfel oder Bananen als Reserve aufheben.

Vorbereitung: Obst kaufen

Kaufe auch eine Zitrone, denn als weitere Zutat benötigst du pro Kilo Obst den Saft einer frisch gepressten Zitrone. Dazu kommen dann noch zwei Päckchen Vanillezucker.

Weitere Zutaten und

Eine schöne große Glasschale sollte auch bereit stehen sowie für jede Person ein kleineres Schälchen.

notwendige Utensilien

Die Zubereitung selbst ist recht einfach. Nachdem du das Obst gewaschen hast, bereitest du die Früchte folgendermaßen vor:

Der eigentliche Vorgang, die Zubereitung

Die Zitrone schneidest du in der Mitte durch und presst beide Hälften aus.

Grundprinzip: der Reihe nach

Birnen und Äpfel werden geschält und in Stücke geschnitten, dabei wird das Kerngehäuse entfernt.

Die Weintrauben werden halbiert und die Kernchen herausgeholt. Nachdem die Bananen geschält und in schmale Scheiben geschnitten worden sind, beträufelst du sie mit ein bisschen Zitronensaft, damit sie nicht braun werden. Die Orange schälst du und zerteilst sie in die Spalten. Dabei machst du alles Weiße von der Schale ab, so gut es geht, und schneidest die Spalten in Stückchen. Die Kiwi musst du mit einem Messer schälen, da sich die Schale nicht abziehen lässt. Dabei musst du vorsichtig sein, denn die Frucht ist saftig und wird beim Schälen glitschig. Die Kiwi schneidest du dann quer in runde Scheiben.

Die Ananas wird mit einem großen Messer längs geviertelt. Dann kannst du außen die Schale und innen den harten Strunk abschneiden. Die Viertel schneidest du dann noch in kleine Stücke.

Wenn sämtliche Früchte in mundgerechte Stücke geschnitten sind, gibst du sie in eine dekorative Schale.

Wenn all das getan ist, wird die Soße vorbereitet. Dazu vermischst du den Vanillezucker und den restlichen Zitronensaft gut miteinander. Die Soße wird über dem Obstsalat verteilt und gut gemischt. Als kleine Delikatesse können noch Nussstückchen hinzugefügt werden.

Der Salat sollte vor dem Servieren noch etwas durchziehen können, dann schmeckt er noch besser. Guten Appetit.

Erzähl mir, wie der Obstsalat deiner Familie und deinen Freunden geschmeckt hat. **Abrundender Briefschluss**
Mit herzlichen Grüßen
deine
Anna-Lena

2.2 Bastelanleitung

Aufgabe

Bei dieser Aufsatzform musst du zum einen die Gegenstände beschreiben, die benötigt werden, und zum anderen den Vorgang, also wie die Bastelarbeit der Reihe nach gemacht werden muss. Schreibe die Anleitung wieder in einen Brief an einen Freund oder eine Freundin.

Das Joghurtbecher-Telefon

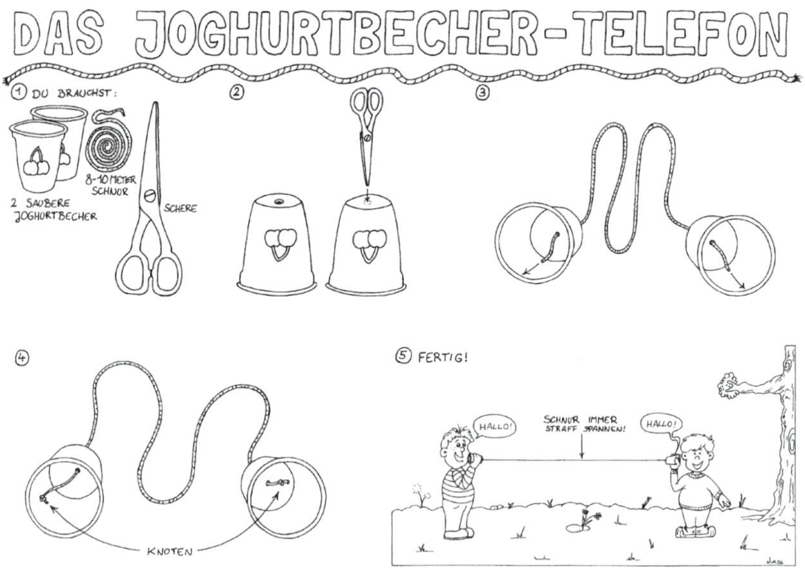

So wird's gemacht! *Zeichnung: Daniel Nikol*

Bei allen Beschreibungen empfiehlt es sich, einen Arbeitsplan anzulegen, damit du keinen wichtigen Punkt vergisst.

Arbeitsplan: ein Joghurtbecher-Telefon

A. Unterhaltung über größere Distanzen in der freien Natur	Briefanfang: Idee für den persönlichen Einleitungsgedanken, der sinnvoll zum Thema der Beschreibung führt
B. Konstruktion eines Joghurtbecher-Telefons	
I. Materialien 1. acht bis zehn Meter lange Schnur (z.B. Drachenschnur oder dünne Paketschnur) 2. spitze Schere (oder Messer oder Stift) 3. zwei saubere, leicht trichterförmige Plastikjoghurtbecher (0,5 l)	Liste aller wichtigen Materialien und Werkzeuge
II. Herstellung des Joghurtbecher-Telefons 1. Loch in den Becherboden stechen (schnurdick, mittig) 2. Schnurenden in das Loch einfädeln und 5–6 cm durchziehen 3. Knoten machen (wenn nötig: Doppelknoten) 4. Schnur bis zum Anschlag nach hinten durchziehen	Der Bastelvorgang selbst: Hier geht es darum, die Reihenfolge einzuhalten.
III. Tipps zur richtigen Benutzung des Joghurtbecher-Telefons	Eigene Bewertung des Produkts
C. Persönliche Grüße	Persönliches Ende des Briefes

Bastelanleitung, eingebettet in einem Brief

Musteraufsatz

Bamberg, den 17. Januar 2005

Der persönliche Brief kennt nur wenige Formalien. Du solltest mindestens das Datum angeben und auf Absätze achten.

Hallo Moritz,

Anrede

du hast mich in deinem letzten Brief gefragt, ob man sich beim Spielen im Wald auch über größere Entfernungen mit seinem Freund unterhalten kann, ohne dass andere es hören. Ich habe eine einfache, aber sehr effektive Lösung für dieses Problem: das Joghurtbecher-Telefon. Es ist leicht zu bauen und zu bedienen.

Einleitung des Briefes: Es bietet sich stets an, auf eine vorausgegangene Frage einzugehen.

Thema der eigentlichen Beschreibung

Du benötigst dafür eine acht bis zehn Meter lange Schnur, am besten eine Drachenschnur oder eine dünne Gepäckschnur. Ferner brauchst du eine spitze Schere, ein Messer oder einen spitzen Stift. Das wichtigste sind zwei saubere, leicht trichterförmige Plastikjoghurtbecher, die in jedem Fall so groß sein müssen, dass sie über dein Ohr passen. Die optimale Größe haben die 0,5 Liter-Becher.

Bei den Materialien und Werkzeugen auf die richtige Wortwahl achten: Drachenschnur, trichterförmig

Die Herstellung selbst geht spielend leicht. Zuerst stichst du ein kleines Loch in den Becherboden. Achte darauf, dass es wirklich in der Mitte liegt und nicht größer wird als die Schnur dick ist, die du hindurchstecken möchtest. Durch das Loch ziehst du von außen ein Ende der Schnur fünf bis sechs Zentimeter in den Becher hinein. Sodann verknotest du das Schnurende. Dazu machst du eine Schlaufe und ziehst die Schnur durch, so erhältst du einen schönen Knoten. Dann ziehst du die Schnüre bis zum Anschlag nach hinten durch. Der Kno-

Der eigentliche Bastelvorgang
Wiederum spielt die Wortwahl eine wichtige Rolle: Schlaufe, Knoten, Anschlag; präzise Angabe von Maßen

ten sitzt nun am inneren Becherboden. Er muss so dick sein, dass die Schnur nicht mehr aus dem Becher herausrutschen kann. Wenn nötig, verknotest du die Schnur also zwei- oder dreimal. Den zweiten Becher musst du genauso mit dem anderen Ende der Schnur verbinden. Nun ist das Joghurtbecher-Telefon fertig!

Ich habe noch einige Tipps zur richtigen Benutzung für dich. Die Schnur muss auf jeden Fall gespannt sein, wenn ihr miteinander telefoniert, sonst funktioniert es nicht. Der Sprecher sollte leise, aber deutlich in den einen Joghurtbecher sprechen, und der Hörer hält gleichzeitig den anderen Becher an sein Ohr. Die gespannte Schnur überträgt die Schallwellen zum anderen Joghurtbecher, mit einer schlaffen Schnur geht das nicht.

Ratschläge für die richtige Benutzung als Übergang zum persönlichen Schluss

Auf diese Weise könnt ihr beim Räuber-und-Gendarm-Spiel ganz im Geheimen eure Strategie besprechen und dann die gegnerische Mannschaft besiegen. Probier es einmal aus! Es macht wirklich Spaß! Besonders lustig ist es, wenn man hinter einem Busch steht und sich beim Telefonieren gar nicht sehen, aber trotzdem astrein hören kann. Berichte mir im nächsten Brief, ob es funktioniert.

Beschreibung der Anwendung und Aufforderung, zurück zu schreiben

Herzliche Grüße

Persönliche Grußformel

dein Steffen

Die geniale Erfindung *Zeichnung: Eckhard Lange*

2.3 Beschreibung einer Tätigkeit

Aufgabe

Dein Brieffreund/deine Brieffreundin hat großen Kummer, weil es in Englisch einfach nicht klappt. Weil er/sie weiß, dass du gut in Englisch bist, bittet er/sie dich um Tipps, wie man die verschiedenen Teile einer Englischschulaufgabe vorbereitet.
Erstelle einen Schreibplan, auf dessen Grundlage du den Brief verfasst! Verwende im Brief die erforderlichen sprachlichen Mittel!

Vorbereitung einer Englischschulaufgabe

Musteraufsatz

Merkendorf, den 16. Juni 2005

Liebe Annika,
du hast mich gebeten, dir zu schreiben, wie ich mich auf meine Englischschulaufgaben vorbereite. Ich hoffe, ich kann dir mit meinen Tipps weiterhelfen.

Schreibanlass: Rahmen der eigentlichen Vorgangsbeschreibung

Alles, was du dazu brauchst, ist dein Englischbuch, ein Schreibblock, ein Stift, ein Schnellhefter zum Abheften deiner Übungsblätter und natürlich ein bisschen Platz in deinem Kopf! Und los geht's.

Materialien, die nötig sind, um den Empfehlungen zu folgen

Zuallererst musst du dich mit den Vokabeln befassen. Sie sind ganz wichtig, denn ohne sie kannst du keinen der drei Teile der Englischschulaufgabe lösen. Also musst du sie gut lernen. Decke im Vokalbelteil deines Buches die Spalte der englischen Wörter zu und nimm dir jedes deutsche Wort einzeln vor. Überlege, was es auf Englisch heißt und schreibe es auf deinen Block. Wiederhole diesen Vorgang, bis du die ganze Seite durchgearbeitet hast hast. Entferne nun die Abdeckung und vergleiche die englischen Wörter, die du selbst aufgeschrieben hast, mit denen im Buch. Stellst du Fehler fest, so schreibe die betreffende Vokabel noch dreimal ab und kreuze sie im Buch mit einem Bleistift an. Präge sie dir besonders gut ein und schreibe das Wort so oft, bis du es kannst. Das Kreuzchen in deinem Buch erinnert dich daran, es später zu wiederholen.

Vokabellernen
Der eigentliche Lernvorgang der Reihe nach

Beim Diktat gibt es eigentlich nur einen Trick: viel üben, schließlich sagt man auch „Übung macht den Meister". Lasse dir von einer Freundin oder deinen Eltern Ausschnitte aus vier bis fünf Texten aus deinem Englischbuch diktie-

Tipps zur Übung des Diktats mit kurzer Beschreibung des Vorgangs ren. Danach korrigiere dich selbst und verbessere die falsch geschriebenen Wörter.

Die Grammatik kannst du mit Hilfe von Übungen aus deinem Buch trainieren oder mit Programmen, die extra für die 6. Klasse bestimmt sind, am Computer üben. Das hat Vorteile, denn der PC sagt dir gleich, ob deine Aufgabe richtig oder falsch beantwortet ist. Wenn du mit dem Buch arbeitest, kann es dir nur jemand sagen, der dir bei den Übungen behilflich ist. Auf alle Fälle musst du deine „definitions" können, und du musst die Grammatikregeln kennen und wissen, wann und wie sie benutzt werden.

Grammatik: Hinweis auf Lernprogramme und ihre Handhabung

Nun musst du noch die Übersetzung üben. Da du ja auch in Bayern wohnst und ebenso wie ich auf ein Gymnasium gehst, müsstest du das gleiche Englischbuch wie ich haben, „Green Line 2". Dort gibt es im Kapitel „Translation Practise" ab Seite 126 Übersetzungen. Diese sind auf die verschiedenen „units", also die Lektionen, abgestimmt. Übersetze den deiner Lektion entsprechenden Text. Wenn du sichergehen willst, dass alles stimmt, gib deine Übersetzung deiner Englischlehrerin zum Korrigieren. Natürlich können es auch deine Eltern korrigieren. Auch hier musst du viel üben!

Übersetzung: Information über Hilfen, die das Lehrbuch bietet sowie Tipps

Ich wünsche dir viel Spaß beim Lernen und viel Glück in deiner Schulaufgabe! Und denk' immer dran: DON'T WORRY, BE HAPPY!

Abrundender, aufmunternder Schluss

Viele Grüße
deine Lisa

2.4 Gegenstandsbeschreibung

Bei der Gegenstandsbeschreibung kommt es besonders auf die Fachausdrücke an, also die genau treffenden Bezeichnungen. Längen, Höhen und andere Maße musst du präzise angeben. Ansonsten gilt das Prinzip: Die Beschreibung geht vom allgemeinen Eindruck zum Detail.

Info

Die Becherlupe

Becherlupe von oben

Fotos: Eckehart Weiß

Muster-aufsatz

Bamberg, den 16. August 2005

Liebe Susi,

gestern habe ich mir das neue Yps-Heft gekauft. Vielleicht kennst du diese Zeitschrift, die ist für Kinder und es sind lauter Comics drin. Sie erscheint monatlich und hat immer etwas Witziges beigelegt. Diesmal war es etwas wirklich Tolles: eine Becherlupe.

A. Hinführung zu dem besonderen Gegenstand

Ich beschreibe dir mal, wie sie aussieht. Es handelt sich dabei um einen Becher mit einem Deckel. Beide sind aus einem ganz durchsichtigen, festen Kunststoff, der fast so klar ist wie Glas. Aber nicht so zerbrechlich, das finde ich

B. Beschreibung
I. Das Aussehen grob
1. Die Form
2. Das Material

gut. Der Becher hat eine gerade, zylindrische Form. Er ist 6,5 Zentimeter hoch und hat einen Durchmesser von fünf Zentimetern. Der Deckel ist etwas breiter als der Becher. Er hat kein Schraubgewinde, sondern wird ganz einfach daraufgesetzt und abgenommen. Dieser Deckel ist das Besondere: In seiner Mitte ist nämlich, auch aus transparentem Kunststoff, eine leicht nach oben gewölbte, drei Zentimeter breite Linse eingearbeitet, die als Lupe wirkt. Nun kann man kleine Gegenstände in den Becher hineinlegen und sie durch den Deckel, also durch die Lupe, anschauen, und sie werden sehr stark vergrößert. So kann man alle Details ganz genau sehen. Dazu muss man den Lupenbecher nahe an das Auge halten. In den Boden des Bechers ist sogar genau in der Mitte eine Linie mit Maßangaben eingraviert. Sie ist vier Zentimeter lang beziehungsweise, auch das ist eingraviert, etwas über eineinhalb Inches. So habe ich dabei gelernt, dass ein Inch 2,55 Zentimeter entspricht, das hatte ich vorher nicht gewusst. Wie bei einem Lineal sind unterhalb der Linie kleine Striche für die Millimeter und etwas längere Striche für die Zentimeter eingraviert und oberhalb der Linie die entsprechenden Abschnitte für die Inches.

II. Aussehen Details
1. Maße
2. Der Deckel
3. Die Linse

III. Arbeiten mit der Lupe allgemein
1. Beobachtungsobjekte
2. Handhabung

IV. Beschreibung des Becherbodens, erst allgemein, dann die Details
1. Eingraviertes Lineal im Boden
2. Maße in Zentimeter und Inches

Ich habe gestern eine Fliege gefangen und in den Becher gesperrt. Das war zwar etwas schwierig, aber ich habe es geschafft. Als sie still auf dem Boden des Bechers saß, konnte ich sie ganz genau anschauen. Sie hat wie ein Monster ausgesehen. Ich konnte alles genau betrachten: die pelzigen Beine, die riesigen Augen, die fein geäderten Flügel. Ich habe die Fliege dann wieder freigelassen.

V. Erfahrungsbericht Arbeiten mit der Lupe

Diese Becherlupe ist ein tolles Ding, finde ich. Man kann so viele Sachen in dieser Vergrößerung ganz genau studieren. Heute will ich ver-

C. Schlussgedanke
I. Bewertung

suchen, im Garten einen Käfer oder eine Spinne zu fangen.

Ich rate dir, gleich auch diese Zeitschrift mit der Becherlupe zu kaufen. Du hast damit bestimmt genauso viel Spaß wie ich.
Ganz herzliche Grüße
deine Irmi

II. Persönlicher Briefschluss

Diese Beschreibung ist sehr geschickt aufgebaut, weil darin die Funktionsweise des Gegenstandes und Beschreibungsdetails abwechseln. Beim Lesen fallen die sprachlichen Besonderheiten womöglich gar nicht auf. Deshalb sind alle Fachbegriffe und Formulierungen, die zur Genauigkeit beitragen, unterstrichen. Ein gutes sprachliches Mittel ist auch der Vergleich, weil dadurch die Beschreibung recht anschaulich wirkt:
Kunststoff, der fast so klar ist wie Glas …
Wie bei einem Lineal sind unterhalb der Linie kleine Striche für die Millimeter …

2.5 Wegbeschreibung

Info

Wegbeschreibungen erfordern viel Können, wenn du deine Freunde oder Gäste nicht in die Irre führen möchtest. Eine Wegbeschreibung gehört häufig als Anlage zu einem Einladungsbrief, damit die Gäste wissen, wie sie am besten zum Gastgeber kommen. Die Beschreibung eines Weges orientiert sich an markanten Punkten. Im folgenden Text sind die sprachlichen Besonderheiten hervorgehoben, mit denen dieser Weg erklärt wird.

Von der Domschule zum Rosengarten

Aufgabe

Deine Tante kommt zu Besuch nach Bamberg und möchte dich zum Eisessen in das Café am Rosengarten einladen, weil du ihr geschrieben hast, dass das Eis dort besonders gut schmeckt. Das Café liegt jedoch etwas versteckt. Sie selbst kennt nur die Domschule. Beschreibe ihr den Weg von der Domschule Bamberg in der Oberen Karolinenstraße zum Rosengarten am Domplatz.

Das Dornröschenschloss *Zeichnung: Eckhard Lange*

M

Musteraufsatz

Bamberg, den 8. August 2005

Liebe Irmi,
herzlichen Dank für deine Einladung. Gerne gehe ich mit dir ein Eis essen, wenn du schon mal nach Bamberg kommst.
Meine Schule kennst du ja von deinem letzten Besuch. Ich beschreibe dir den Weg von der Schule zum Café im Rosengarten. Wir treffen uns dann dort, wie ausgemacht, am Samstag um 15 Uhr.

Persönlicher Beginn: Einladung und Hinführung zur Beschreibung der Wegstrecke

Wenn du vor der Domschule stehst, erstreckt sich rechter Hand ein kleiner Platz mit einer Rasenfläche entlang der Oberen Karolinenstra-

Orientierungspunkte deutlich nennen!

ße. Auffällig ist die schräg gegenüberliegende Residenz des Erzbischofs. Über dem Eingangsportal glänzt ein goldenes Wappen. Links führt die Obere Karolinenstraße den Berg hinab. Auf der Seite der Domschule begrenzt sie die Neue Residenz und auf der gegenüberliegenden Seite die Alte Hofhaltung. Gehe diese Straße hinab, bis sich vor dir der große Domplatz eröffnet. Am Ende des Platzes ragen die vorderen Türme des Bamberger Doms empor. Zur Rechten siehst du das reich geschmückte Tor der Alten Hofhaltung und zur Linken erstrecken sich die gewaltigen Flügel der Neuen Residenz. Ein Flügel schließt den Platz zur Stadt hin ab. Wende dich an der Ecke nach links und gehe die kleine Treppe hinab. Nach wenigen Metern stehst du vor dem Haupteingang der Neuen Residenz. Das Eingangstor erkennst du leicht an den Türflügeln mit zwei lebensgroßen Löwenköpfen, die riesige Ringe im Maul halten. Durchschreite den Durchgang zu dem dahinter liegenden Innenhof. Rechts befindet sich eine mit Rosen bepflanzte Mauer, in deren Mitte sich ein Torbogen öffnet. Dies ist der Haupteingang des Rosengartens, da gehst du hinein.

Du nennst genau alle Merkmale, die sich im Laufe der Wegstrecke ergeben.

Auf der linken Seite des Rosengartens siehst du dann auch den kleinen barocken Pavillon, in dem sich das Café befindet.

Wenn du etwas eher kommst, kannst du die Schönheit, die Farbenpracht und den Duft vieler Rosen genießen und die hübschen barocken Figuren von Ferdinand Tietz bewundern.

Persönlicher Schluss mit einer Beschreibung der Besonderheiten des Ortes

Von der Mauer des Rosengartens hast du einen der schönsten Ausblicke auf Bamberg und das Kloster Michaelsberg.

Wir können aber auch gemeinsam durch den Garten gehen. Dann zeige ich dir die wichtigsten Gebäude von Bamberg. Ich freue mich sehr auf unser Treffen.

Mit herzlichen Grüßen
deine Lisa
PS: Falls du aus irgendwelchen Gründen den Weg nicht finden solltest, kannst du mich auf dem Handy anrufen: 0179-373737

Aufgabe

Beachte nun nochmals alle unterstrichenen sprachlichen Wendungen. Du kannst sie für viele Wegbeschreibungen verwenden:

Wenn du vor der Domschule stehst, erstreckt sich rechter Hand ein kleiner Platz mit einer Rasenfläche entlang der Oberen Karolinenstraße.	Genaue Richtungsangabe: rechter Hand Präzise Beschreibung des Ortes (Platz) Ortsadverb: entlang
Auffällig ist die schräg gegenüber liegende Residenz des Erzbischofs.	Ortsadverb „schräg gegenüber" und Mittelwort der Gegenwart – Partizip Präsens „liegend"
Über dem Eingangsportal glänzt ein goldenes Wappen. Links führt die Obere Karolinenstraße den Berg hinab.	Personifizierung: „glänzen" ist ein Verb. Durch die Verknüpfung mit einem unbelebten Nomen kommt Lebendigkeit in den Text. Ebenso: Die Straße „führt" hinab.
Auf der Seite der Domschule begrenzt sie die Neue Residenz und auf der gegenüberliegenden Seite die Alte Hofhaltung.	Wieder genaue Richtungsangabe: Seite, gegenüberliegende Seite, Gegenseite, Rückseite, Vorderseite etc.
Gehe diese Straße hinab, bis sich vor dir der große Domplatz eröffnet. Am Ende des Platzes ragen die vorderen Türme des Bamberger Doms empor.	Personifizierung: Der Platz „eröffnet" sich.
Zur Rechten siehst du das reich geschmückte Tor der Alten Hofhaltung und zur Linken erstrecken sich die gewaltigen Flügel der Neuen Residenz.	Präzise Ortsangabe Auf Parallelität achten: rechts und links, zur Rechten und zur Linken

Ein Flügel schließt den Platz zur Stadt hin ab.	Personifizierung
Wende dich an der Ecke nach links und gehe die kleine Treppe hinab. Nach wenigen Metern stehst Du vor dem Haupteingang der Neuen Residenz. Das Eingangstor erkennst du leicht an den Türflügeln mit zwei lebensgroßen Löwenköpfen, die riesigen Ringe im Maul halten.	Präzise Handlungsanweisung: Wende dich …, gehe …
Durchschreite den Durchgang zu dem dahinter liegenden Innenhof.	Präzise Handlungsanweisung: Durchschreite … genaue Ortsangabe
Rechts befindet sich eine mit Rosen bepflanzte Mauer, in deren Mitte sich ein Torbogen öffnet. Dies ist der Haupteingang des Rosengartens, da gehst du hinein.	Präzise Ortsangabe Personifizierung
Auf der linken Seite des Rosengartens siehst du dann auch den kleinen barocken Pavillon, in dem sich das Café befindet.	Präzise Ortsangabe

2.6 Personenbeschreibung

Die Beschreibung einer Person fordert sprachlich heraus. Aber sie macht auch Spaß, weil es für den Beschriebenen amüsant ist zu erfahren, wie eine andere Peson ihn sieht. Du kannst Freunde beschreiben, aber auch bekannte Figuren aus Film und Fernsehen. Auch Zeichentrickfiguren können Gegenstand deiner Beschreibung sein.
Die Beschreibung kann für sich allein stehen, etwa als Beitrag in einer Zeitung oder Schülerzeitung. Wie bei der Fotografie spricht man auch bei einem Text, der eine Person beschreibt, von einem Portrait. Auch ein persönlicher Brief ist wieder möglich, in dem du deinem Briefpartner eine andere Person beschreibst, die er oder sie nicht kennt.

Info

Folgendes Grundschema hilft dir, Personen gut zu beschreiben:

A. Grund für deine Beschreibung (in einem persönlichen Brief oder als Beitrag für die Klassenzeitung)

B. Beschreibung meiner Banknachbarin

I. Die wichtigsten Lebensumstände

- Wie heißt die Person?
- Wo lebt er/sie?
- Welche Nationalität hat er/sie?
- Welchen Beruf übt er/sie aus?

II. Erste Gesamtbeschreibung

- Größe
- Statur
- Alter
- Kleidung, Schmuck

III. Gesicht

Wiederum in sinnvoller Reihenfolge: Form, Haare, Gesichtsausdruck

IV. Wichtige Eigenschaften

Hobbys, Vorlieben, Freunde, Charakter etc.

C. Was dir persönlich an deiner Nachbarin am besten gefällt

Das schicke Mädchen

Zeichnung: Eckhard Lange

Meine Banknachbarin: Perfekt-chaotisch

Musteraufsatz

Perfekt-chaotisch	Überschrift, die die Hauptrigenschaft charakterisiert
Perfekt-chaotisch, ja, genau mit diesem Wort könnte man meine Banknachbarin und Freundin Barbara, glaube ich, am besten beschreiben. Sie heißt mit vollem Namen Barbara Eva Schönhaar und wohnt Am Herrgottsbrunnen 18 in Baunach. Sie ist deutsche Staatsbürgerin und geht mit mir in das Clavius-Gymnasium Bamberg in die Klasse 7e. Sie ist sieben Monate älter als ich, also 13 Jahre und zwei Monate alt. Trotzdem ist sie mit 1,64 Meter circa fünf Zentimeter kleiner als ich.	Die sachdienlichen Angaben: Namen, Alter, Herkunft, Beruf, Körpergröße
Aus diesem Grund trägt sie meistens Schuhe mit hohen Absätzen zu ihren Jeans oder anderen Hosen aller Art. Sie trägt meistens Pullover. Spezielle Vorlieben, was Farbe oder Material angeht, hat sie nicht; sie liebt alle Farben und Ausführungen.	Kleidung
Schmuck trägt sie nicht; es sei denn, man zählt ihre ausgefallenen Armbanduhren auch als Schmuck.	Schmuck
Sie hat eine schlanke Figur und ein hübsches ovales bis längliches Gesicht mit blau-grünen Augen, langen Wimpern, einer Stupsnase und einem großen Mund, den sie manchmal gar nicht zubekommen kann.	Figur Gesicht Details des Gesichts
Ihre dunkelblonden Haare mit hellen Strähnchen trägt sie entweder zu einem Pferdeschwanz zusammengebunden oder offen über ihre Schultern.	Haare
In unserer Klasse ist sie wegen ihrer netten, spontanen Art sehr beliebt. Auch bei uns in der Clique, die aus Corinna Pflaum, Kathrin Knauer, mir und ihr besteht,	Wirkung auf andere
ist sie der Stimmungsmacher Nummer eins. Gerade wenn sie mal wieder von ihrem chaotischen und sehr verrückten Leben erzählt oder mal wieder einen ihrer „geistigen Aussetzer" hat und irgend etwas	Besondere Eigenschaften

völlig Verrücktes und Sinnloses tut, bringt sie uns zum Lachen.

Hobbys

Außerdem ist sie manchmal ein richtiger Tollpatsch. Aber am lustigsten ist es immer noch, wenn sie von ihrer großen Leidenschaft, dem Volleyball spielen beim VG Bamberg erzählt. Dort geht es nämlich meistens, zusammen mit ihren Freundinnen Caro, Lena, Mona und Co, drunter und drüber.

Allgemeine Fähigkeiten

Im Allgemeinen ist sie recht sportlich, auch wenn sie sich manchmal, zum Beispiel beim Fußballspielen, etwas dumm anstellt. Sie isst fast alles, am liebsten aber chinesisch.
In der Schule ist sie, man mag es manchmal kaum glauben, ein absolutes Ass! Mit fast nur Einsern und Zweiern ist sie dort einfach Spitze.
Sie wirkt immer ganz echt, obgleich sie manchmal etwas zickig ist und sich unglaublich stur anstellt.

Persönliche Einstellung zur Freundin, gleichzeitig Abrundung

Ich schätze sie als super Freundin, immer zu Späßen aufgelegt und verständnisvoll. Sie ist hilfsbereit und kann gut zuhören. Somit wie schon gesagt: perfekt-chaotisch!

Ein Filmheld

Du kennst sicherlich James Bond. Die folgende Beschreibung bezieht sich auf den Darsteller Timothy Dalton. Um einen Schauspieler beschreiben zu können, müsst ihr natürlich vorher im Unterricht ein paar Filmausschnitte gesehen und einige Plakate mit ihm betrachtet haben.

Timothy Dalton

Muster-aufsatz

Kurze Geschichte des Kinohelden

Die vom Autor Ian Flemming erfundene Romanfigur James Bond existiert bereits seit ungefähr 40 Jahren auch als Filmheld. In dieser Zeit kamen viele Filme in die Kinos und die

Figur wurde von verschiedenen Schauspielern dargestellt. In den letzten Jahren hat der Schauspieler Timothy Dalton die Figur James Bond verkörpert.

James Bond ist ein Geheimagent im Dienst des britischen Geheimdienstes MI 6. Sein Deckname lautet 007, und als „Doppelnull-Agent" besitzt er die Lizenz zum Töten. Während seiner Kämpfe gegen die bösesten Schurken der Welt reist er ständig umher und hat somit keinen richtig festen Wohnsitz. Stets hat er bei seinen Bemühungen, die Welt zu retten, die neuesten technischen Geräte zur Verfügung, die er von Mister Q, der ebenfalls im Dienst von MI 6 steht, erhält.

Beruf und Karriere, Beschreibung seiner Aufgabe, Lebensweise

James Bond ist mittleren Alters, etwa 1,85 Meter groß und hat eine sehr sportliche, muskulöse, dabei aber schlanke Figur. Er tritt stets sehr gepflegt auf, meistens sogar richtig elegant mit einem schwarzen Smoking, weißem Hemd, Fliege und schwarzen, glänzend polierten Schuhen. Unter seiner Anzugjacke trägt er im Schulterhalfter immer einen Revolver, eine Walther, um sich jederzeit verteidigen zu können.

Alter, Größe, Figur, Kleidung

Besonderer Gegenstand: seine Waffe

Zu der eleganten Erscheinung trägt auch bei, dass James Bond stets perfekt rasiert ist und seine kurzen, schwarzen Haare mit Geheimratsecken an der hohen Stirn sauber nach hinten gekämmt sind. Seine Augenbrauen sind schwarz und kräftig, die braunen Augen können sanft, aber auch sehr hart blicken. Die Nase ist länglich und gerade, die Lippen eher schmal. Besonders auffällig ist sein markantes Kinn.

Das Gesicht

Insgesamt ist James Bond recht attraktiv und liebt seinerseits schöne Frauen. Bei jedem Abenteuer befindet sich mindestens eine an seiner Seite und er genießt die Gesellschaft wechselnder Damen sichtlich. Daher ist es undenkbar, dass er einmal heiratet. Am liebs-

Wirkung auf die Umgebung

Gewohnheiten

ten trinkt James Bond Martini, der geschüttelt und nicht gerührt wurde. Alles in allem ist er ein richtig cooler Typ, der sogar in den brenzligsten Situationen ganz locker bleibt. **Gesamtbild**

Info

Die Hauptschwierigkeit bei der Personenbeschreibung besteht darin, Gesichtszüge und Kleidungsstücke genau und präzise mit den treffenden Worten zu beschreiben und auch die Haupteigenschaften der beschriebenen Person zu erfassen. Beachte deshalb die Adjektive und Fachausdrücke (Romanheld, Filmfigur, Schauspieler, Geheimagent, Smoking etc.) in beiden Texten.

Begegnung am Morgen *Zeichnung: Eckhard Lange*

3. Gestalterisches Schreiben

Zum gestalterischen Schreiben gehören alle Aufsatzformen, bei denen du schreibst, um andere zu unterhalten. Es gibt freie Formen, die dich kaum einschränken, oder eher gebundene Formen, die einen bestimmten Rahmen vorgeben. In der **Erlebniserzählung** vermittelst du in spannender Form einem anderen ein Erlebnis, das dich besonders beschäftigt hat.
Bildergeschichten geben dir eine große Hilfe für das gute Erzählen. Du lernst besonders, die klare Struktur einer Handlung zu erkennen, gut zu beobachten und lebendig auszugestalten.
Der **persönliche Brief** gibt dir eine gewisse Freiheit, verschiedene Textformen zu mischen. Du darfst etwas berichten, sollst aber ein kleines Erlebnis thematisieren.
In der **Phantasieerzählung** kannst du deine kreativen Kräfte freisetzen. Du darfst die Grenzen der Wirklichkeit überschreiten, schlüpfst in andere Rollen, aber du musst dich dennoch in einem logischen Rahmen bewegen.
Schließlich lernst du aus **Erzählkernen**, in der Regel lustige Zeitungsmeldungen, oder aus Kurzberichten schöne Erzählungen zu gestalten und bist dabei schon fast in der Rolle eines kleinen Schriftstellers.
Dies gilt auch für die **Reizwort- und Geräuschgeschichten**, in denen du aus wenigen Wortimpulsen eine schöne Geschichte zaubern sollst. Dasselbe gilt bei der **Fortsetzung eines Erzählanfangs**. Dabei versetzt du dich schon ganz in die Rolle des Autors, der den Erzählanfang geschrieben hat, oder in den Themenkreis der Geschichten, aus dem der Erzählanfang stammt.
Etwas literarisches Können gehört dazu, eine bekannte Erzählform nachzuahmen wie Fabeln, Märchen oder Eulenspiegelgeschichten. Ähnlich ist es bei den **Parallelgeschichten**: Du versetzt dich ganz in die Rolle der Erzähltradition eines Jugendbuchautors, von dem ihr ein Buch in der Klasse gelesen habt, und erfindest eine Geschichte, die in Handlung und Erzählstil in dieses Buch passen würde.

Info

Je künstlerischer deine Erzählungen werden, desto mehr stilistische und sprachliche Mittel musst du sicher beherrschen. Zwei Dinge sind dabei besonders wichtig:
- das **innere Erleben**, also die Gedanken und Gefühle der handelnden Personen
- der **sprachliche Reichtum**, der durch den Einbau schildernder Elemente entsteht.

3.1 Erlebniserzählung

Täglich gibt es Ereignisse, die dein Herz bewegen. Manchmal sind sie traurig, oft lustig, aber immer außergewöhnlich. Diese Ereignisse erzählst du deinen Freunden, deinen Eltern. Sie sollen teilhaben an deinen Gedanken und Gefühlen, dich trösten oder über die Geschehnisse lachen. Schreibst du diese Erzählungen nieder, handelt es sich um eine **Erlebniserzählung**, denn du schreibst über etwas, das du selbst erfahren oder erlebt hast.
Wenn du gut erzählst, dann hören dir auch alle zu. Dazu gehört der Spannungsbogen, der aus einer **Einleitung**, der **Spannungssteigerung**, dem **Höhepunkt** – der Besonderheit deines Erlebnisses – und einem ausklingenden **Schluss** besteht. Du berichtest somit nicht nur, sondern gestaltest dein Erlebnis aus.
Die Erlebniserzählung steht in der Vergangenheit, im Präteritum, weil du über Vergangenes erzählst. Die wörtliche Rede gehört zur Ausgestaltung dazu, weil sie dem Zuhörer erlaubt, direkt am Geschehen teilzunehmen. Hinzu kommen die Mittel, die unserer Sprache Farbe und Lebendigkeit verleihen. Das sind treffende Verben, gute Redeeinführungen, Adjektive, Vergleiche und kleine erzählerische Kniffe, wie sie in den nachfolgenden Erzählungen vorgeführt werden.
Es gibt die reine Handlung, das äußere Geschehen, das die Handlungsschritte der Reihe nach sinnvoll erfasst. Aber es gibt auch die innere Handlung, die deine Gefühle und Gedanken während des Ereignisses beschreibt.
Entscheidend ist der Höhepunkt, den du besonders gut vorbereiten und ausgestalten musst. Auf ihn laufen alle Handlungsschritte zu.

Der Schluss löst dann die Spannung und rundet die Erzählung ab. Du schreibst in der Ich-Form, da es sich um dein Erlebnis handelt.

Die Erzählung beginnt immer mit der **Einleitung**, die die Situation am Beginn des Geschehens beschreibt. In **mehreren Handlungsschritten** führt die Erzählung weiter zum **Höhepunkt**, dem eigentlichen Erlebnis, auf das alles zuläuft. Gleich darauf folgt der **Schluss**.
Dieser **äußeren Handlung** soll auch das **innere Erleben** der handelnden Personen entsprechen. Mit bewusst eingesetzten sprachlichen Mitteln wird die Erzählung anschaulich und lebendig.

Das passiert mir nie wieder

Muster-aufsatz

Das passiert mir nie wieder

Das Thema ist allgemein gehalten und gibt dir große Freiheit in der Ausgestaltung. Du kannst zu diesem Arbeitsthema auch eine eigene Überschrift erfinden.

Drrr! Mein Wecker schellte laut und riss mich aus meinen Träumen. Ärgerlich stand ich auf und torkelte ins Badezimmer. Dort wusch ich mich und zog mich an. Jetzt ging ich verschlafen zum Frühstückstisch. Dort musste ich wie immer alleine essen, denn meine Eltern waren schon lange fortgegangen. Nun machte ich mich noch schnell fertig und marschierte dann los in Richtung Schule.

A.
Sehr schöne Einleitung, die direkt in die Handlung hineinführt

Als ich beim Bäcker vorbeikam, traf ich Frau Fritz, die sonst immer erst um Viertel nach acht einkaufen geht. Ich wunderte mich, denn ich begegnete keinem einzigen Schulkameraden. Da kam ich bei dem Schild „Vorfahrt gewähren!“ an. Da war es so still, dass man eine Amei-

B. Spannungssteigerung
I. Ungewohntes auf dem Schulweg
1. Frau Fritz
2. Leere Straßen

se hätte laufen hören können. Hier schrieen die Kinder sonst immer so laut, als wäre man im Pausenhof, obwohl der noch mindestens 50 Meter entfernt ist. Nun wurde ich ängstlich, als auf dem Schulhof noch immer kein Ton zu hören war und kein Mensch zu sehen. Ich lauschte, doch es war nicht einmal eine Lehrerstimme zu vernehmen. Leise schlich ich zu unserem Klassenzimmer. Dort hörte ich den Gong. Hastig öffnete ich die Tür und huschte auf meinen Platz. Alle schauten mich verwundert an. Auch ich war erstaunt, denn es stand nicht wie gewöhnlich Herr Hacker an der Tafel, sondern Herr Becker, den wir normalerweise erst in der zweiten Stunde hatten. Er fragte: „Wieso bist du so spät dran? Geht dein Wecker nicht oder sind deine Eltern verreist?" Alle lachten und ich schämte mich. Jetzt fiel es mir ein: Es war Sommerzeit. Ich hatte vergessen, den Wecker umzustellen. Ich wisperte: „Es tut mir leid, ich habe nicht daran gedacht, dass heute die Zeitumstellung war."

II. Weg zum Klassenzimmer

III. Im Klassenzimmer Höhepunkt mit pointierter Lösung

Da öffnete sich die Türe und Nadine kam herein. Alle lachten, denn ich war nicht die einzige, die zu spät gekommen war und die vergessen hatte, dass es Sommerzeit war.
Später, in der Pause, redete ich mit Nadine über den Vorfall und wir beschlossen gemeinsam: „Das passiert uns nie wieder!"

C. Schluss, der das Erlebnis abrundet

Info

Der Charme dieser Erzählung liegt darin, dass die Schülerin ein kleines Erlebnis schön ausgestaltet. Ihr Erzähltrick besteht darin, dass sie auf dem Weg zur Schule ihre Sinne einsetzt und beschreibt, was sie sieht, hört und fühlt.

Gorilla-Alarm!

Ein Thema gibt nur den Rahmen deiner Erzählung vor. Hier lautet es: Ein Besuch im Zoo. Eine passende Überschrift, die Neugierde erweckt, denkst du dir selbst aus.

M Musteraufsatz

Gorilla-Alarm!

An einem klaren, kühlen Herbstnachmittag machte ich mit meinen Eltern und meinem Bruder Julian einen Ausflug in den Zoo. Geruhsam schlenderten wir durch den weitläufigen Tierpark, genossen die herbstlich-frische Luft und freuten uns an den bunten Blättern, die ein kräftiger Wind über die Wege wirbeln ließ. „Los, kommt, wir gehen jetzt zum Bärengehege und dann schauen wir uns noch die Fütterung der Menschenaffen an!“, forderte ich meine Eltern auf. Noch konnte ich nicht ahnen, welch fürchterlichen Schrecken ich an diesem Tag noch erleben sollte!

A. Die Einleitung beginnt ruhig. Du beschreibst die Jahreszeit, den Ort, nennst alle Personen mit Namen und führst zum eigentlichen Erlebnis hin.

B.
I. Erster Erzählschritt, der sich aber schon auf das Hauptereignis beziehen soll.

Im Bärengehege tollten zwei junge Bärenkinder ausgelassen herum. Wir hatten unseren Spaß an den drolligen Tieren und vergaßen völlig die Zeit.

Plötzlich schaute ich auf die Uhr und erschrak: „Schon so spät! Wir müssen jetzt gehen, sonst verpassen wir die Fütterung des neuen Berggorillas. Ich möchte ihn unbedingt noch sehen! Er soll riesengroß sein und sehr gefährlich!“ Sofort rannten wir los und betraten gerade noch rechtzeitig zur Fütterung das Affenhaus.

II. Der Weg zur Fütterung der Berggorillas
Kurze Begründung, warum es interessant ist, sie bei der Fütterung zu beobachten

Leider bekamen wir nur noch einen Platz hinten an der kalten Backsteinmauer und konnten den riesigen Gorillamann nur von Weitem sehen. Ich war neugierig und drängte mich vor.

III. Beschreibung der Situation vor dem Käfig
Beschreibung des Gorillas

Endlich! Jetzt konnte ich das mächtige Tier aus der Nähe anschauen! Der Gorilla, er hieß „King-Kong“, war groß und breit wie ein Schrank und hatte einen kräftigen Silberrücken. Erst vor wenigen Tagen war er im Nürnberger Tiergarten eingetroffen und nun scharten sich die Besucher um den neuen Zoobewohner und warteten gespannt auf den Auftritt des Wärters. Der kam gerade mit einem Futtereimer und öffnete vorsichtig die Tür des Käfigs. Reglos und mit finsterer Miene saß der Gorillamann in einer Käfigecke.

IV. Die Fütterung

Doch genau in dem Moment, als der Wärter durch die Käfigtür trat, schoss der Riesenaffe aus seiner Ecke hervor, überrannte seinen Pfleger und sprang durch die Käfigtür.

V. Höhepunkt: Das unerwartete Ereignis

Die Leute schrien entsetzt und liefen, so rasch sie konnten, aus dem Affenhaus. Eigentlich wollte ich mit der Menge mitrennen, doch da stand plötzlich der gewaltige Affe vor mir und versperrte mir den einzigen Ausgang. „Jetzt ist es aus mit mir! An dem komme ich nie vorbei!“, dachte ich voller Panik. Meine Eltern und mein Bruder waren nicht mehr zu sehen. Das Riesenvieh gab wütende, grunzende Laute von sich. Mein Herz pochte so wild, dass ich glaubte, es würde mir aus der Brust springen, und meine Knie waren so schwach, dass ich mich kaum noch auf den Beinen halten konnte. Da beobachtete ich, wie sich der Wärter von hinten lautlos an den Gorilla heranpirschte. Mit einer raschen Bewegung riss sich der Wärter seine Dienstmütze vom Kopf und stülpte sie dem Gorilla über die Stirn, um ihn von mir abzulenken. „Bleib ganz ruhig, ich hol dich hier raus!“, versuchte mich der Wärter zu beruhigen. Aber das Tier geriet außer sich vor Wut, es konnte nichts mehr sehen. Es brüllte ohrenbetäubend und hatte Schaum vor dem Maul. Mir wurde übel

1. Flucht der Menschen
2. Eigene ausweglose Situation
3. Gefühle
4. Die Rettung

und schwindlig vor Angst. Auf einmal stürmte ein zweiter Wärter herbei, der ein Gewehr in

5. Die Lösung

der Hand hielt. Er legte an und schoss auf den Gorilla. Das massige Tier begann zu taumeln, es schwankte und stürzte schließlich zu Boden, wo es reglos liegen blieb. Ich dachte schon, der Affe wäre tot, da hörte ich ein leises Schnarchen. King-Kong war nur betäubt worden. Mir fiel ein Stein vom Herzen. Während die beiden Wärter den mächtigen Gorilla wieder in seinen Käfig schleppten, trat ich zitternd ins Freie.

C. Der Schluss
Entspannung, Gefühle

Sogleich stürmte meine Familie herbei. Meine Eltern waren überglücklich, dass ich noch am Leben war und Mutter drückte mich so fest an sich, dass ich fast keine Luft mehr bekam. „Lass los, du bist doch kein Gorilla!“, japste ich und schnappte nach Luft. Von meinem Schrecken habe ich mich inzwischen zwar erholt, aber um das Affenhaus mache ich immer noch einen großen Bogen. King-Kong hatte seinem Namen wirklich alle Ehre gemacht!

Info

Diese sehr ausführliche Erzählung beruht auf einem besonderen und ungewöhnlichen Ereignis. Sie zeigt aber auch, dass du Erlebnisse erzählen kannst, von denen du unter Umständen in der Zeitung gelesen hast. Du vertiefst dich dann in das Erlebnis einer anderen Person, als hättest du es selbst erlebt. Bemerkenswert an dieser Erzählung ist der sehr gut ausgestaltete Höhepunkt. Alle wichtigen Erzählschritte enthalten wörtliche Rede und eine Beschreibung der jeweiligen Gefühlslage.

3.2 Bildergeschichten

Bildergeschichten erzählen in mehreren gezeichneten Bildern eine Geschichte. Deine Aufgabe ist es, diese Geschichte zu einer schönen Erzählung auszuarbeiten. Dabei helfen dir die Bildelemente, aber manches musst du auch aus deiner eigenen Phantasie ergänzen.
Zunächst betrachtest du die Bilder ganz genau und überlegst, an welchen **Orten** die Erzählung spielt und gibst den **Personen** Namen. Dann machst du dir Gedanken über die **Handlungsfolge**. Einige Handlungsschritte musst du bei Bildergeschichten stets selbst hinzufügen, weil die Zeichnungen nicht alles enthalten, was für den Fortlauf der Erzählung wichtig ist.
Schließlich geht es um den spannungsvollen Aufbau. Du entscheidest dabei, zu welchen Erzählschritten der Erzählkurve die einzelnen Bilder gehören. Die **Erzählkurve** ergibt sich entweder über den Schluss oder den Höhepunkt. Hat die Bildergeschichte ein Schlussbild, dann überlegst du dir, wie der Höhepunkt aussehen kann, der zuvor kommen muss. Hast du ein Bild, das den Höhepunkt darstellt, dann gilt es, die übrigen Handlungsschritte für den Schluss herauszufinden.
Insgesamt soll eine runde, geschlossene Erzählung entstehen, die auch gute beschreibende und schildernde Elemente enthält. Du schreibst in der Vergangenheit, im Präteritum, und verwendest an zentralen Stellen die wörtliche Rede. Als Erzählperspektive wählst du den Er-Blickwinkel. Du blickst sozusagen von außen auf das Geschehen, das du lebendig beschreibst – eben wie ein Erzähler.

Bei den Bildergeschichten geben die Zeichnungen die Geschichte vor. Fehlende Handlungsschritte musst du aus eigener Phantasie ergänzen, damit du alle Elemente der Erzählung gut ausgestalten kannst: die Einleitung, den Hauptteil mit der Spannungssteigerung und dem Höhepunkt, und dem Schluss.

Der Ausflug in den Wald

Der Ausflug in den Wald *Zeichnung: Peter Thulke*

Aufgabe

Eine Bildergeschichte mit vielen Bildern führt in das richtige Erzählen ein, weil die Einzelbilder die Erzählkurve in vielen Schritten vorzeichnen. Du musst die Bilder nur der Erzählkurve zuordnen. Du darfst dabei aber keine Bilddetails vergessen.
Wichtig ist, die Handlungsfolge, also den Ablauf des Ereignisses, streng zu beachten, die wörtliche Rede sicher zu beherrschen und gute Redeeinführungen zu wählen.

Bild 1 erfasst die Ausgangssituation (A, Einleitung).
Die Zeichnungen 2 bis 5 bilden den Hauptteil (B).
Bild 6 enthält den Höhepunkt (C).
Den Schluss musst du dir selbst ausdenken.

Der Hauptteil B untergliedert sich in verschiedene Erzählschritte:
Bild 2 beschreibt das fröhliche Picknick.
Bild 3 hat zwei Handlungsschritte. Die Familie lässt den Müll liegen und begibt sich zum Auto zurück und braust davon.
Bild 4 bereitet den Höhepunkt vor: Das unbekannte Paket trifft ein.
Der Höhepunkt selbst enthält mehrere kleine Handlungsschritte: Bild 5: Die Familie versammelt sich. Alle sind gespannt. Sie öffnen das Paket und finden dann zur allgemeinen Enttäuschung den Müll, das ist Bild 6.
Der Schluss (C) fehlt, ihn musst du selbst ergänzen.

Der Ausflug in den Wald

Musteraufsatz

A. Einleitung, die Ort, Zeit und Personen nennt und sinnvoll zum Hauptteil hinführt

An einem schönen Sommertag plante Familie Meier einen Ausflug in den Wald. Vater Hans, Mutter Barbara und die zwei Jungs Benjamin und Bernd packten zusammen den Picknickkorb ein. Sie stiegen in ihr silbernes Auto und fuhren los. Nach einer Weile meinte der Vater zu den Kindern: „Wir müssen eine gute Stelle finden, okay?“ Benjamin rief kurze Zeit später: „Da ist ein schöner Platz!“ Hans Meier trat kräftig auf die Bremse.

B. Das Picknick im Wald
I. Gemeinsames Essen

Alle stiegen hastig aus und liefen in die Wiese. Die Mutter kramte die Decke und die Esssachen heraus und breitete alles auf der schönen, grünen Wiese aus. Als alles vorbereitet war für das Picknick, setzten sich die Eltern und die zwei Kinder gemütlich hin. Sie aßen so lange, bis nichts mehr da war und alle Verpackungen leer waren. Die Familie Meier ließ den ganzen Müll einfach liegen, und die vier trotteten mit vollem Bauch zum Auto. Sie hatten nicht bemerkt, dass zwischen dem Müll auf der Wiese noch der Brief von Oma lag, der am Morgen mit der Post gekommen war und den sie mitgenommen hatten, um ihn in Ruhe zu lesen.

II. Rückkehr zum Auto

Drei Tage später, sie dachten schon gar nicht mehr an das schöne Picknick, klingelte es an der Haustüre. Barbara Meier wollte gerade die Fenster putzen, aber sie lief sofort neugierig zur Tür und machte auf. Draußen stand der Postbote und rief: „Hier, dieses Paket ist für Sie, Frau Meier." „Oh, danke schön." Der Mann sagte: „Ich bekomme noch vier Euro Porto!" „Hier!" „Danke." Frau Meier konnte sich gar nicht vorstellen, von wem dieses große Paket sein könnte, ein Absender stand nicht drauf. Sie packte es noch nicht aus, sondern das sollten am Mittag ihre Söhne tun. Das war doch eine tolle Überraschung für sie! Als die beiden aus der Schule heimkamen und das große Paket sahen, riefen sie voller Freude wie aus einem Mund: „He, super!" Benjamin und Bernd packten ganz gespannt das Paket aus, auch der Vater, der zum Mittagessen heimgekommen war, schaute neugierig zu. Plötzlich verzogen die zwei Jungs angeekelt ihr Gesicht, als sie sahen, was da zum Vorschein kam! „Igittigitt!", rief Bernd und Benjamin schimpfte: „Pfui Teufel!" Die Mutter sah einen Brief im Paket liegen und las wütend, was darauf stand: „Hiermit sende ich Ihnen Ihr Eigentum wieder zurück. Mit freundlichen Grüßen, Karl Baumheger, Revierförster!" Sie blickte

III. Das Überraschungspaket

IV. Höhepunkt
1. Geheimnisvoller Absender

2. Gemeinsames Auspacken

3. Die böse Überraschung

in das Paket, aus dem es herausstank und rief: „Nein, das gibt es doch nicht, einfach uns den Müll wieder zurückzugeben.“ Tatsächlich – in dem Paket lag alles, was sie am Wochenende beim Picknick auf der Wiese liegengelassen hatten. Der Vater hielt sich die Nase zu und nuschelte stinksauer: „Da vergeht einem ja der Appetit. Schafft bloß den stinkenden Müll weg!“

C. Versöhnlicher Schluss

Bernd, der ältere Sohn, trug das Paket zur Mülltonne, schmiss den Müll mitsamt dem Paket hinein und murmelte: „Da gehört es ja auch hin, und nicht auf eine Wiese!“

Gut an dieser Erzählung sind die klare gedankliche Ordnung und der gut ausgestalteten Höhepunkt.

Der Irrtum

Wurmi irrt sich *Zeichnung: Peter Thulke*

info

Die Geschichte von Wurmi zeigt im ersten Bild den Anfang der Spannungssteigerung. Er bohrt sich in den leckeren Apfel hinein. Dies bedeutet, dass du die Einleitung, was vorher geschehen ist, selbst überlegen musst.
Das zweite Bild zeigt eindeutig den Höhepunkt.
Somit kennst du zwei Handlungsschritte bis zu der Erkenntnis, die das dritte Bild verdeutlicht und die auch den Schluss bilden muss.
Diese Vorüberlegungen sind wichtig, denn du sollst dich mit deiner Erzählung genau an die zeichnerischen Vorgaben halten. Bei einer

solchen kurzen Zeichenfolge musst du in Gedanken quasi die fehlenden Bilder selbst ergänzen.

Der Irrtum

Musteraufsatz

A. Einleitung mit beschreibenden Elementen

Der kleine Wurm Otto lebte normalerweise in einem großen Garten, in dem es an Köstlichkeiten nicht fehlte: Es gab Laub, Äste, Früchte und vieles mehr. An diesem Tag hatte er sich, neugierig wie er war, weit von seiner Familie entfernt, die im Nussbaum lebte, und war dabei ins Haus geraten.

B. Beginn des Hauptteils
I. Wurmi ist sehr hungrig.

Da das Haus viele Zimmer hatte, fand Otto nach einer Weile den Weg nach draußen nicht mehr. Allmählich bekam er riesengroßen Hunger, der immer schlimmer wurde. Deshalb brüllte sein Magen so laut wie ein Tiger. Also machte sich unser Wurm in dem Zimmer, das er gerade erforschte, auf die Suche nach etwas Essbarem.

II. Er erblickt den wunderbaren Apfel.

Nachdem Otto einen Holzrahmen überwunden hatte, entdeckte er etwas, das sein Herz höher schlagen ließ. „Oh, was für ein toller Apfel!“, rief der kleine Wurm beim Anblick eines leuchtend rotbackigen Apfels aus. Flink kroch er hin.

III. Er bohrt sich in den Apfel hinein.

Er war außer sich vor Freude, weil er schon lange keinen so schönen roten Apfel mehr gefressen hatte. Sein Heißhunger war so groß, dass er gar nicht merkte, in was er da gerade hineinbiss, er schluckte einfach alles runter. Immer tiefer fraß sich der kleine Wurm in das Apfelinnere. Man konnte ihn sogar schmatzen hören, wenn man ganz, ganz leise war.

IV. Höhepunkt
Langsam merkt er, dass etwas nicht stimmt.

Plötzlich aber knirschte es. Otto kam das komisch vor. Ihm war, als hätte er auf Papier gebissen. Er schüttelte sich und verzog das Gesicht zu einer Grimasse. „Hilfe, hoffentlich ist das kein Spinat!“ Denn Spinat mochte Otto überhaupt nicht. Auch der Geschmack in seinem Mund hatte sich unangenehm verändert – nach Apfel

schmeckte es wahrhaftig nicht. Schnell spuckte Otto die Reste, die er noch im Mund hatte, aus und wollte eben verärgert davonkriechen, als er sich noch einmal umdrehte. Voller Erstaunen riss er seine kleinen Kulleraugen auf, denn was er jetzt sah, machte ihn sprachlos.
Der Apfel war gar kein richtiger Apfel, sondern nur eine mit leuchtenden Wasserfarben gemalte Frucht auf einem Bild, das aber so echt aussah, dass er sich hatte täuschen lassen.

C. Schluss: Seine Erkenntnis

Otto nahm sich fest vor, den anderen nichts von diesem ärgerlichen Erlebnis zu erzählen. Die Eltern würden ihn ausschimpfen, weil er sich alleine so weit vorgewagt hatte, und die Geschwister würden ihn für seine Dummheit auslachen. Aber in nächster Zeit hatte er sowieso keine Lust mehr auf derartige Unternehmungen.

Wenn die Krone nicht wäre

Info

Je mehr Bilder eine Zeichenfolge hat, desto leichter ist es, eine klare Erzählstruktur aufzubauen. Die Bildergeschichte von Eckhard Lange ermuntert eher zur einer märchenhaften oder fabelhaften Erzählung.
Die erste Zeichnung entspricht der Einleitung, weil nichts geschieht. Deine Aufgabe besteht darin, die Situation genau zu schildern: Baldir, der Storch, ist ziemlich hungrig und sucht nach leckeren Fröschen.
Die Handlung kommt in Gang, als er die goldene Krone blitzen sieht (Bild 2).
Die Haupthandlung besteht offenkundig in der verzweifelten Verhandlung des Froschkönigs, der sein Leben durch die Preisgabe seiner Krone zu retten versucht (Bild 3).

Bild 4 fordert deine Erzählkunst heraus, da es Höhepunkt und Schluss zugleich enthält. Es geht um die List des Frosches und die Gier des Storches, der nicht damit rechnet, dass der Frosch ihm mit der Krone den Schnabel sperrt.
Der Schluss deiner Erzählung beschreibt dann den glücklichen Frosch und den ärgerlichen Storch.
In der folgenden Erzählung sind die Beschreibungen oder Schilderungen und die in jedem Erzählschritt gezielt eingesetzte wörtliche Rede besonders gut gelungen. Im Höhepunkt wird das Präsens, die Gegenwart, verwendet; das macht es noch lebendiger.

Zeichnung: Eckhard Lange

M Musteraufsatz

Wenn die Krone nicht wäre

An einem sonnigen Tag im Juni saß ein sehr trauriger Frosch im Königsweiher. Kleine Wellen plätscherten durch das Schilf, leicht bogen sich die Halme im sanften Wind.
Ungeachtet dieses wunderbaren Tages schluchzte Johann, der Frosch, vor sich hin. Wer würde auch nicht weinen, wenn er von einer bösen Hexe einen Tag vor der Hochzeit in einen Frosch verwandelt worden wäre?
Da hockte er nun mit kleinen blauen Äuglein, Schwimmhäuten zwischen Fingern und Zehen, einem riesigen Mund und einer glitschigen grünen Haut. Nur seine glänzende, schön polierte goldene Krone erinnerte noch an sein Leben als Prinz.
Sein Unglück und seine Trauer steigerten sich mit einem Schlag zur Todesangst, als er den riesigen weißen Storch Baldir im Wasser sah, der keine drei Meter von ihm entfernt im Schilf umherstakste und nach Futter suchte.
Baldirs grell orangener Schnabel blitzte im Sonnenlicht. Bewegungslos stand er da und suchte mit seinen scharfen Augen das klare blaue Wasser ab.

Kein Wunder, dass er Johann sofort entdeckte und ins Visier nahm. „Endlich was zu Fressen", dachte sich Baldir, und sein Herz machte vor Glück einen kleinen Freudensprung.
Johann dagegen zitterte vor Angst am ganzen Leib. Dennoch konnte er noch einen klaren Gedanken fassen: „Ich muss ihn irgendwie ablenken!" Kurzerhand nahm er seine Krone vom grünen Kopf ab und hielt sie vorsichtig aus dem Wasser, während er selbst untertauchte. Baldir staunte und beäugte neugierig die aus dem Wasser ragende Krone, die in der Sonne funkelte.
Johann fasste wieder etwas Mut, und ihm fiel auch noch eine List ein, die ihn retten könnte.
Langsam, damit Baldir nicht gleich zuhackte, stieg er aus dem Wasser auf und hielt die Krone mit seinen Vorderbeinen so weit wie möglich hinauf: „H-hör m-mal Baldir, ich b-biete dir e-etwas an", stotterte er.
Baldir schaute hochnäsig, bewegte sich keinen Millimeter und klapperte: „Ja, was denn?" Hoffnungsvoll, weil Baldir immerhin zuhörte, antwortete Johann: „Ich gebe dir mein Ein und Alles, meine Krone. Dann herrschst du künftig auf Schloss Helmsklamm und bist König! Dann bekommst du all mein Gold und alle meine Schätze. Du heiratest die schöne Prinzessin Arwin! Na, was ist? Dafür musst du nur mein Leben verschonen, das ist alles! Nimmst du an?"
„Hmm, das wäre schon etwas", dachte sich der Storch und bekam vor Gier ganz glänzende, weit aufgerissene Augen. Er hüpfte freudig in die Höhe und sah sich schon als König an der Seite der wunderschönen Prinzessin durch sein Schloss schreiten. Sein Schnabel zitterte sogar etwas vor Aufregung.
„Bitte nimm an, komm schon, ich will noch etwas leben!", flehte Johann inständig und wollte schon wieder verzagen. Sein Herz rast, es schlägt bis zum Hals, seine Kehle schnürt sich zu. Da ... der Storch Baldir scheint sich entschieden zu haben. Er klappert fröhlich mit dem Schnabel. Er holt aus. Sein Schnabel blitzt auf. „Hat er angenommen? Ist er darauf reingefallen? Oder hat er mich durchschaut und gibt mir meinen letzten Schlag? Ist das mein Ende?", bibbert Johann, dessen Herz vor Angst und Aufregung rast.
Baldirs Schnabel zischt ins Wasser, und geschickt spießt der Storch die goldene Krone auf. Triumphierend hält er sie empor.
„Was für ein Glück!", schießt es Johann durch den Kopf. Ein riesiger Stein fällt ihm vom Herzen. Bevor sich Baldir den Handel womöglich noch an-

ders überlegte, machte sich Johann mit drei wuchtigen, kraftvollen und schnellen Sätzen aus dem Staub und versteckte sich im tiefen Schilf.
„Nun bin ich Herrscher über Helmsklamm und bin reicher als alle anderen!", schrie Baldir laut, streckte den Schnabel steil in die Luft und wollte laut klappern, damit alle ihn hörten. Doch was war das? Es ging nicht, er konnte nicht klappern. Die Krone war ihm nämlich den Schnabel hinunter gerutscht und wirkte nun wie ein Maulkorb.
Doch zu seinem Glück flogen andere Störche herbei, halfen Baldir aus der Krone und warfen sie ins Wasser.
Baldir war nun ganz erleichtert, vergaß Frosch und Krone und flog mit den anderen Störchen davon.
Doch Johann schwamm zu seiner Krone und setzte sie wieder auf. Und wie er da so saß, dachte er: „Vielleicht kommt ja doch noch irgendwann eine Prinzessin und küsst mich ins Leben zurück."
Und wenn er nicht gestorben ist, dann wartet er entweder heute noch oder ist inzwischen glücklich verheiratet.

Der Schuss

Je weniger Bilder du hast, desto freier kannst du deine Erzählung gestalten. Bei diesem Beispiel müsste dir sogar alleine mit dem zweiten Bild eine gute Erzählung gelingen.

Info

Der Schuss *Zeichnung: Peter Thulke*

3.3 Persönlicher Brief

Der persönliche Brief bedarf eigentlich keiner bestimmten Form, denn du darfst schreiben, was du willst. Du kennst ihn von der Kleinform SMS (short message service). Fast täglich verschickst du kleine Botschaften über das Handy. Doch geht es dabei um Kurzinformationen, liebe Grüße, Vereinbarungen, kurze Beschreibungen deiner Stimmung.
Richtige Briefe schreibst du per E-Mail oder auch noch ganz persönlich auf Papier. Egal, ob du eine SMS, eine E-Mail oder einen handgeschriebenen Brief schickst, möchtest du, dass dein Empfänger den Brief liest, dich ernst nimmt und dir eine Antwort schickt. Deshalb lohnt es sich, einen Brief gut zu gestalten.
Für den Brief, den du per Post verschickst, und für die E-Mail gelten an sich die gleichen Regeln.
Schickst du einen Brief auf Papier, geht es auch darum, den Briefumschlag ordentlich zu gestalten, denn er vermittelt dem Empfänger den ersten Eindruck.

Zum Brief gehört mindestens die Orts- und die Datumsangabe. Er sollte durch Leerzeilen klar strukturiert sein und eine persönliche Anrede und eine verbindliche Grußformel enthalten. Alle Briefe unterzeichnest du mit deinem Namen.
Achte darauf, dass dein Brief eine ansprechende äußere Form hat. Der Empfänger soll ihn gerne in die Hand nehmen und lesen.

Es kann durchaus sinnvoll sein, in E-Mails und Briefen auch die eigene Adresse und Telefonnummer anzugeben, dann muss dein Briefpartner nicht erst lange suchen, wenn er dir schreiben oder dich anrufen möchte.
Inhaltlich ist der persönliche Brief recht frei. Du kannst in Briefen etwas erzählen oder berichten oder zum Beispiel schildern, wie die Landschaft aussieht, wo du in den Ferien warst. Es gibt aber auch Briefe, in denen du den Empfänger von einer Sache überzeugen möchtest. Das sind dann argumentative Briefe. Du darfst auch, je nach Themenstellung, verschiedene Formen mischen.
In allen Formen des persönlichen Briefes beginnst du mit dem klar formulierten **Schreibanlass** – eben der Grund, warum du den Brief schreibst. Dann folgen der **Hauptteil** oder verschiedene Bereiche innerhalb des Hauptteils. Verbindlich ist dann wieder der **Schluss**, in

dem du nochmals persönlich auf deinen Empfänger eingehst und ihn zu einer Antwort oder Reaktion herausforderst.
Du schreibst in der Ich-Form und je nach Inhalt in der Gegenwart (Präsens), der Vergangenheit (Präteritum) oder der vollendeten Gegenwart (Perfekt). Schließlich kommt es, anders als bei der SMS und der E-Mail, beim Brief auf eine sorgfältige äußere Form an.

Persönlicher Brief – argumentative Form: Einladung zum Ferienlager

Musteraufsatz

Lichteneiche, den 6. Juni 2005
Niklas Weber
Schleizer Straße 10
96117 Lichteneiche

An
Herrn
Markus Metzner
92810 Dörfles-Esbach

Handelt es sich nicht gerade um Verwandte, dann solltest du Absender und Adressat vollständig angeben.

Liebe Frau Metzner, lieber Herr Metzner,

Die Anrede bleibt dennoch höflich, nicht nur „Hallo!" schreiben.

ich möchte mich nochmals herzlich für Ihre Einladung ins Kino bedanken. „Der Herr der Ringe" gehört wirklich zu meinen Lieblingsfilmen. Was macht Martin? Geht es seinem Meerschweinchen immer noch so schlecht? Ich konnte ihn ja nicht sprechen, weil wir auf Klassenfahrt waren. Wir sind aber gute Freunde, deshalb komme ich jetzt gleich zur Sache.

A. Persönliche Einleitung, Erinnerung an ein gemeinsames Erlebnis

Wie ihr wisst, fahre ich am Anfang der Sommerferien in ein Zeltlager in der Fränkischen Schweiz und wollte fragen, ob euer Sohn Martin mitfahren darf. Schließlich ist es doch einmal etwas anderes, die Ferien mit Freunden zu

B. Hauptteil des Briefes: Das Anliegen
I. Erstes Argument: Ferien mit Freunden sind eine gute Sache

verbringen. Danach hat er immer noch ein paar Wochen Zeit, um mit Ihnen wegzufahren.	
Es macht bestimmt auch einen Riesenspaß, denn wir schlafen in Zelten und ich habe noch keinen Zeltpartner. Letzten Sommer haben wir mit den Pfadfindern viele spannende Spiele gemacht. Am besten fand ich den Abenteuerlauf. Wir mussten uns mit einer Karte und einem Kompass selbst zurechtfinden und bekamen an jedem Anlaufpunkt einige Punkte. Natürlich habe ich mich verlaufen. Aber unsere Betreuer haben gut aufgepasst, sodass wir schnell wieder auf der richtigen Strecke waren. Wir haben sogar selbst gekocht. So eine Erbsensuppe mit Würstchen auf dem offenen Feuer schmeckt doch ganz anders als zu Hause.	II. Zweites Argument: Die Erlebniswelt beim Zelten a. Spannende Spiele b. Abenteuerlauf c. Gemeinsames Kochen Insgesamt schön ausgestaltetes Argument: Behauptung, Beweis, Beispiel
Es kann auch nichts Schlimmes passieren, weil wir insgesamt 30 Kinder sind und von Lehrern, Eltern und älteren Schülern betreut werden.	III. Drittes Argument: Sicherheit, gute Betreuung durch erfahrene Erwachsene
Es wäre fein, wenn Martin mitdürfte. Schreibt mir doch einmal.	C. Briefschluss mit Bitte um Einverständnis
Viele herzliche Grüße sendet Ihnen Ihr Niklas	Freundliche Grußformel
PS: Und natürlich auch herzliche Grüße an Martin und die Meerschweinchen!	„PS" bedeutet „post scriptum" = Lateinisch „Nachtrag" Zusatzgedanke, der den Anfang wieder aufnimmt

M Muster-aufsatz

Persönlicher Brief – Erzählform: Feriengrüße

Walchsee, den 3. Januar 2005

Bei Briefen an enge Verwandte genügen Ort, Datum und die informelle Anrede.

Lieber Opa,

A. Briefeinleitung
Kurze Schilderung der Situation in Form einer Beschreibung: Ort, Wetter

seit drei Tagen sind wir schon im Kaiser-Gebirge. Wir haben eine geräumige Ferienwohnung gemietet, die ganz in der Nähe des großen Skigebiets „Steinplatte" liegt.
Der Schnee ist großartig. Auf den Gipfeln liegen bis zu drei Metern Pulverschnee. Jeden Tag strahlt die Sonne an einem knallblauen Himmel. Wenn das Wetter so bleibt, könnte ich es noch drei Wochen lang aushalten. Du kannst dir vorstellen, dass wir uns alle pudelwohl fühlen.

I. Kurze Schilderung des Tagesablaufs
1. Frühstück

Wir stehen jeden Tag früh auf, um rechtzeitig auf der Piste zu sein. Mami und Papi machen immer ein tolles Frühstück. Am liebsten esse ich Schokomüsli und trinke dazu ein großes Glas Orangensaft.

2. Skifahren

Wir fahren früh etwa zwei Stunden Ski und treffen uns zum Mittagessen auf der Berghütte am Gipfel. Dort gibt es allerdings nur einen Schnellimbiss.

3. Essen

Gestern habe ich eine Gulaschsuppe gegessen. Richtig essen wir erst zu Abend. Gestern gab es eine Riesenpizza mit Salat. Schade, dass du nicht da warst. Du weißt ja, wie toll Mami Pizzas zubereiten kann.

II. Briefkern
Ein kleines Erlebnis, das im Aufbau den Prinzipien der Erlebniserzählung folgt

Heute habe ich etwas Tolles erlebt. Ich beobachtete ein paar Kinder auf der Piste, die über ein kleine, selbst gebaute Schanze sprangen. Ich dachte mir: „Das macht bestimmt Spaß." Als ich eine Weile zugeschaut hatte, sprach mich ein kleiner Junge an und meinte: „Nicht bloß schauen! Komm, spring auch mal! Das ist ganz einfach." Ich wurde rot, mein Herz klopfte und mit etwas weichen Knien stotterte ich: „Na, na klar. Kein Problem." Ich stieg etwas nervös den Skihang hinauf und stellte mich in die Spur. Es kribbelte im Magen, und als alle riefen „Los!", fasste ich meinen Mut zusammen, stieß mich ab und sauste auf die Schanze zu. Eine Sekunde lang dachte ich, jetzt ist alles aus, aber ich sprang ohne zu stürzen über die Schanze. Dann bremste ich schon mit großem Schwung. Die Kinder klatschten Beifall und schrieen: „Super!" Ich fühlte mich überglücklich. Schade, dass du mich nicht gesehen hast. Du wärst bestimmt stolz auf mich gewesen.

C. Briefschluss
Wieder persönlicher Bezug zum Adressaten

In drei Tagen fahren wir leider schon wieder zurück. Dann kann ich dir noch mehr erzählen, vor allem, wie ich gegen Papi das Skirennen gewonnen habe. Gehst du mit mir am Wochenende wieder ins Schwimmbad? Wir freuen uns alle, dich wieder zu sehen.

Persönliche Grußformel

Mit herzlichen Grüßen von allen!
dein
Franzi

3.4 Phantasiegeschichten

Phantasiegeschichten haben nur wenig mit Fantasy-Romanen zu tun. Es sind Erzählungen, die du dir selber ausdenkst und die, wie im Märchen, auch die Grenzen der Wirklichkeit durchbrechen dürfen. Die Grundregeln des Erzählens bleiben aber erhalten. Die Handlung bleibt logisch aufgebaut. Du arbeitest auf einen Höhepunkt zu. Du beschreibst die phantastischen Orte genau und gestaltest Gefühle aus. Das phantastische Ereignis kann zum Beispiel in einem Traum spielen. Du kannst dir aber auch geheimnisvolle Eingänge ausden-

ken wie eine verborgene Tür oder Hindernisse wie eine hohe Mauer, die in die Phantasiewelt führen – zum Beispiel in eine magische Höhle oder einen verwunschenen Garten.
Die folgende Geschichte erzählt in Gedanken eine Geschichte weiter, die das Mädchen beim Einschlafen gelesen hat.

Alle Märchen werden wahr *Zeichnung: Eckhard Lange*

Die verschwundenen Nüsse

Musteraufsatz

Ende November lag ich in meinem Bett. Es war schon 23 Uhr. Das Buch in meiner Hand war jedoch so spannend, dass es mich mitriss. Es handelte von einer Eichhörnchenfamilie...

A.
I. Die Eingangssituation spielt in der Wirklichkeit. Das Buch bildet die Brücke in die Phantasiewelt. In der Phantasiegeschichte benötigst du einen Erzählrahmen, der in der Wirklichkeit spielt, zu der du am Ende deiner Erzählung auch wieder zurückkehrst.

Susi, das kleine Eichhörnchen, sammelte schöne große Nüsse, denn der Winter stand vor der Tür. Es grub sie sorgfältig an drei verschiedenen Orten ein. Als die Temperaturen schon unter null Grad gefallen waren, fand Susi noch zwei Walnüsse im Wald. Die wollte das niedliche Tier in einer der Sammelstätten vergraben, doch es erlebte eine Überraschung. Alle Nüsse waren verschwunden. Das Eichhörnchen fragte sich ängstlich: „Hab' ich sie wirklich hier versteckt? Was ist wenn..." Leider fand Susi keine einzige Nuss mehr im Erdboden.

II. Beginn der phantastischen Erzählung

Mir tat das kleine Tier so leid, ich wollte ihm helfen und lief zu ihm hin. Verzweifelt eilte es auf seinen kleinen Pfoten zu einem vermeintlich anderen Lager. Das Tier durchwühlte die Erde auf der Suche nach dem lebenswichtigen Vorrat und sagte verwirrt: „Ich muss die Nüsse finden, sonst verhungere ich!" Auch ich kratzte im Boden, aber auch ich fand keine Nuss. Susi war verzweifelt, ließ die ausgegrabenen Steine und Wurzeln zurück und rannte so schnell sie nur konnte, dass ich kaum hinterherkam. Doch wohin? Susi blieb plötzlich stehen und versuchte, sich zu konzentrieren: „Wo habe ich sie nur

B. Beginn des Hauptteils Die verschwundenen Nüsse
I. Die Suche nach den Nüssen
1. Verzweifeltes Umhersuchen

2. Gefühlsschilderung
Die schrecklichen Folgen, wenn es die Nüsse nicht findet

3. Verzweiflung

versteckt? Oh, Gott, wenn ich die Nüsse nicht finde? Ich werde sterben!“ „Susi, behalte einen kühlen Kopf!“, versuchte ich das Tier zu beruhigen, „versuch dich zu erinnern!“ Da fiel auch schon die erste Schneeflocke vom Himmel und Susi begann zu weinen: „Ich werde sterben! Ich werde verhungern!“

II. Höhepunkt
Der drohende Tod durch die Winterkälte

Inzwischen hatte sich das Eichhörnchen erschöpft und kraftlos an einen Baum gelehnt und wollte nicht mehr weiterlaufen. „Gib nicht auf!“, rief ich dem Tierchen zu, aber es schien mich nicht zu hören. Das Eichhörnchen fror grässlich und es schluchzte bitterlich, und auch ich fühlte die Kälte in mir. Der Schnee bedeckte nun schon den ganzen Moosboden des Waldes. Dem Tierchen wurde immer kälter und kälter, und mir auch.

C. Auflösung und Schluss: Rückkehr in die Wirklichkeit

Plötzlich hörte ich eine Stimme rufen: „Willst du heute Nüsse mit in die Schule nehmen?“ Langsam und behutsam öffnete ich meine Augen, aber es war noch dunkel. Ich musste anfangen zu lachen, als ich bemerkte, dass ich alles nur geträumt hatte. Mir war wirklich sehr kalt, weil ich die Bettdecke weggestrampelt hatte. Erleichtert stellte ich fest, dass das kleine Eichhörnchen gar nicht in Gefahr war.

Der Reiz dieser Erzählung steckt in der einfachen Handlung, aber insbesondere in der Ausgestaltung des inneren Erlebens, denn die Schülerin hat zu jedem Erzählschritt die Gefühle genau beschrieben und erzeugt so Mitgefühl und Spannung. Wie bei vielen Phantasieerzählungen löst sich die Spannung überraschend durch die Rückkehr in die Wirklichkeit.

Info

Die Fahrt zum Mond

Musteraufsatz

A. Rahmensituation mit schildernden Elementen

Nick lag gemütlich im Gras. Die Wolken zogen gemächlich über ihn hinweg und boten ein stilles Schauspiel. So hoch flöge er auch gern! Während der süße Duft der Wiesenblumen in seine Nase stieg, wurde Nick immer schläfriger.

B. Die eigentliche Erzählung
Der Übergang erfolgt bruchlos.
I. Einleitung der Traumgeschichte
Du folgst den Prinzipien der Erzählung: Ort, Personen, Ereignis, das die Handlung auslöst; hier Einladung zu einer Weltraumfahrt

Plötzlich erschrak Nick! Da stand ein rosa Marsmännchen in der Wiese und aß gefräßig Löwenzahn. Nick traute seinen müden Augen nicht. „Das kann doch wohl nicht wahr sein!", murmelte er. Aber das Männchen stand wirklich vor ihm und graste die Wiese ab. Als der Vielfraß Nick sah, lud er ihn zu einem Flug zum Mond ein und ergänzte: „Pünktlich zum Abendbrot sind wir bestimmt wieder zurück." Nick war die Sache zwar etwas unheimlich, doch er fasste seinen ganzen Mut zusammen. Zusammen stiegen sie in das Raumschiff, das einer großen Blechdose ähnelte. Dann hoben sie ab und es ging los.

II. Hauptteil:
Die Fahrt zum Mond
1. Start des Raumschiffes

Der Weltraumgnom gab volle Schubkraft. Mit lautem Getöse donnerte das schäbige Raumschiff in die Wolken. Nick und der Weltraumkobold machten es sich in ihren Sesseln bequem. Schon bald tratschten sie wie zwei alte Freunde bei einer Tafel Weltraumschokolade aus der Tube.

2. Ungewöhnliches Ereignis

Plötzlich fing das Raumschiff an zu knattern. Es legte sich schräg und geriet schwer ins Trudeln! Nick erschrak. Hatte der Motor einen Schaden? Der Weltraumgnom schob alle Schalter auf Notlandung.

3. Notlandung

Schlagartig landete das Raumschiff! Nick purzelte quer durch die Kabine zur schmalen Tür hinaus. Sein Schädel brummte, als er wieder auf die Beine kam. Er konnte es kaum begreifen, aber kein Zweifel, sie waren auf dem Mond gestrandet! Es gab nur Steine und Geröll und es war dunkel.

4. Verzweiflung

Langsam stiegen ihm die Tränen in die Augen. Ein Schiffbruch auf dem Mond! Was sollten sie jetzt bloß tun? Hier konnte er doch nicht bleiben! Er wollte schleunigst zurück nach Hause. Sein kleiner Freund tapste schnaufend aus dem Raumschiff. Nick fror und bat ihn, sich mit der Reparatur zu beeilen. Der Weltraumkobold räusperte sich: „Das wird wohl etwas länger dauern. Du musst noch hier bleiben."

5. Höhepunkt
Gezielter Einsatz der wörtlichen Rede

Nick packte die schiere Verzweiflung: „Allein mit diesem Wicht auf dem Mond? Bloß nicht!" Verzweifelt blickte er um sich, doch niemand war da, der ihm helfen konnte! Vor Angst begann er zu weinen und flehte laut um Hilfe.
Da kam seine Freundin Kim gelaufen. „Kim, wo kommst du denn her? Wie kommst du auf den Mond? Kannst du mir helfen, von hier wegzukommen?", jammerte Nick. Kim sagte: „Das kann ich wohl, dazu muss ich dich in den großen Zeh beißen." Und schon kniete sie vor Nick nieder und biss ihn kräftig in seinen rechten Zeh. „Aua!", schrie Nick erschrocken und wollte sie von sich wegstoßen – aber da war plötzlich niemand mehr.

C. Spannungslösung und Rückkehr zur Ausgangssituation

Es war wieder ganz hell, und zu seiner Überraschung lag Nick wieder im Gras bei den Weiden! Die Reise zum Mond war Gott sei Dank nur geträumt! Zum Glück, dachte Nick, sind Träume nur Schäume, aber er blickte vorsichtshalber doch hinunter zu seinem Zeh und sah eine große Ameise davonlaufen. Die hatte ihn wohl gerade gebissen.

Der Vorzug dieser Erzählung liegt in der guten Ausgestaltung der Handlung und der genauen Schilderung der Gefühle. Es ist eine Erzählung mit schildernden Elementen. Du schilderst, wenn du bestimmte Bereiche, Gegenstände, Landschaften, Gefühle innerhalb der Handlung sehr genau beschreibst. Die Phantasieerzählung gibt dir für die Ausgestaltung großen Freiraum, den du nützen solltest.

info

3.5 Erzählkern

Beim Erzählkern bekommst du nur die wichtigsten Informationen einer Geschichte, die du dann zu einer Erzählung ausgestaltest.

Info

Viele kleine Geschichten finden sich in den Kurzmeldungen der Tageszeitungen, häufig auch in den Polizeiberichten. Sie eignen sich besonders zur Ausgestaltung einer Erzählung. Du musst diese Meldungen nur sorgfältig lesen und beachten, dass bei der Zeitungsmeldung die wichtigste Information am Anfang steht. Für eine Erzählung gilt aber das Grundprinzip, dass das Wichtigste am Ende, am Höhepunkt, steht. Das bedeutet, dass du die Handlungsfolge umkehren musst.

Der kluge Hund *Zeichnung: Eckhard Lange*

Der Knochen seines Lebens

London, 22. Dezember (Reuter). Den Knochen seines Lebens hat der Bullterrier Jack am Strand der südenglischen Insel Wight gefunden. Doppelt so groß wie er selbst ist das Exemplar, das der Hund beim Spaziergang mit seinem Besitzer John Winch ausgrub. Allerdings war der Knochen nicht mehr ganz frisch und somit ungenießbar. Auf rund 118 Millionen Jahre schätzen Wissenschaftler das Alter des Fundes, wie der „Daily Telegraph" am Freitag berichtete. Nach Angaben der Zeitung handelt es sich um den Armknochen eines aufrecht gehenden Dinosauriers. Das so genannte Iguanodon sei ein pflanzenfressender Vertreter dieser Gattung, es sei bis zu vier Tonnen schwer geworden.

Eine Erzählung zu dieser Meldung hätte die folgenden Erzählschritte:

A. John Winch und sein Bullterrier Jack unterwegs am Strand der südenglischen Insel Wight
B.
I. Jack streunt, verschwindet in den Dünen
II. Winch, sein Besitzer, erst geduldig, dann ungeduldig
III. Er geht seinem Hund nach, sieht ihn buddeln
IV. Winch wütend, weil sein Hund nicht hört; er glaubt, dass Jack einen Kaninchenbau gefunden hat
V. Höhepunkt
1. Winch geht neugierig zu seinem Hund, der sich in den Sand gegraben hat
3. überrascht, kein Kaninchenbau
4. erblickt Teil, das wie ein Knochen aussieht
5. gräbt mit seinem Hund
6. große Überraschung – Entdeckung des Riesenknochens
C. Lösung: Sensation – Knochen des Iguanodon – großer Presseartikel in der Lokalzeitung und saftiger Kalbsknochen für Jack

Achtung: Die entsprechende Erzählung muss natürlich in der Vergangenheit, im Präteritum, stehen.

Lerneifer am Morgen

Lerneifer am Morgen *Zeichnung: Peter Thulke*

Petersaurach (dpa/lby) – Mit seinem Lerneifer hat ein neun Jahre alter Bub seine Mutter in Angst und Schrecken versetzt. Nach Angaben der Polizei hatte die 27-Jährige am Dienstag früh beim Wecken statt ihres Sohnes nur ein leeres Bett vorgefunden. Als sie auch im übrigen Haus nicht fündig wurde, schaltete sie schließlich die Polizei ein. Diese wurde zur Erleichterung der Mutter am Schultor fündig. Dort wartete der Bub nämlich auf den Unterrichtsbeginn. Wie sich herausstellte, war er eine Stunde zu früh zum Schulweg aufgebrochen.

Lerneifer am Morgen

M Musteraufsatz

A. Einleitungsgedanke
In der Erzählung geht es der Reihe nach. Folglich beginnt die Erzählung mit dem Schrecken der Mutter.

Eines schönen Septembermorgens ging die Mutter des neunjährigen Tobi Kramer in das Zimmer ihres Sohnes, um ihn wie üblich aufzuwecken, damit er pünktli ch zur Schule kam.
Als sie das Licht einschaltete, erschrak sie sehr, denn das Bett war leer und ihr Sohn weder zu hören noch zu sehen.

B. Hauptteil
Suche nach dem Jungen

Sie ging ins Badezimmer, rief nach ihm, da war er nicht. Sie schaute sogar unter das Bett. Aber Tobi war nirgends zu finden. Verzweifelt jammerte sie: „Ach du liebes bisschen! Wo mag er denn nur sein? Hoffentlich ist nichts passiert!"

I. Anruf bei der Polizei

Dann griff sie entschlossen zum Telefon und rief die Polizei an: „Hallo! Herr Wachtmeister! Kramer hier. Bitte kommen Sie umgehend zum Tulpenweg 16. Mein Sohn Tobias ist verschwunden und ich habe überhaupt keine Ahnung, was geschehen ist!"
„Keine Panik, Frau Kramer. Wir schicken sofort einen Streifenwagen bei Ihnen vorbei", erwiderte der Polizist freundlich.

II. Bestandsaufnahme durch die Polizei

Wenige Minuten später quietschten schon die Reifen des Polizeiwagens vor Frau Kramers Häuschen. Beruhigend sprachen die beiden Streifenpolizisten auf Frau Kramer ein. „Er kann nicht weit sein", trösteten sie die verzweifelte Mutter und machten sich sofort auf den Weg, um Tobias zu suchen.

Währenddessen stand Tobias bleich und leicht verunsichert vor seiner Schule und wunderte sich: „Menno, was ist denn los heute? Warum ist noch kein Mensch hier und die Schultüre ist auch noch zu?“

III. Parallelhandlung: Tobias vor der Schule

Die beiden Polizeibeamten drehten erst ein paar Schleifen durch die Straßen in der Nähe des Hauses. Sie sahen aber keinen kleinen Jungen, die Straßen waren noch menschenleer. Schließlich meinte Polizeiinspektor Udo Friedrich: „Komm, wir fahren mal zur Schule!“

IV. Suche der Polizisten

„Also, ich fasse es nicht!“, rief auf einmal Inspektor Friedrich aus. „Sieh doch! Wenn das da nicht unser Ausreißer ist!“ „Ja, tatsächlich, Udo! Passt ganz genau auf die Beschreibung der Mutter“, entgegnete sein Kollege.

V. Höhepunkt: Hier gute Ausgestaltung durch wörtliche Rede

„Aber was macht er schon um 6.45 Uhr an der Schule, Karl?“ „Keine Ahnung! Wir wollen mal dem Rätsel auf den Grund gehen.“ Der Streifenwagen blieb direkt vor Tobias Nase stehen. „Guten Morgen“, sagten die Polizisten. „Bist du Tobias Kramer?“ „Guten Morgen. Ja, der bin ich. Was ist denn los?“, fragte Tobi. „Kleiner Mann, du hast deiner Mama einen ziemlichen Schrecken eingejagt“, sprach der Wachtmeister. „Sie sucht dich ganz verzweifelt und macht sich große Sorgen. Sag mal, was machst du denn schon so bald an der Schule?“ „Was heißt denn so bald? Es ist doch 7.45 Uhr. Der Unterricht fängt doch gleich an“, antwortete Tobias.

„Oje! Ich glaube, deine Uhr geht vor, Junge. Es ist doch erst 6.45 Uhr. Komm mit! Wir fahren dich wieder nach Hause“, bot der Beamte an und alle stiegen in den Wagen ein.

Spannungslösung

Zu Hause angekommen, umarmten sich Mutter und Sohn. „Wo warst du denn Tobi? Ich bin vor Angst fast gestorben!“, rief Frau Kramer erleichtert aus. Da schaltete sich Udo Friedrich ein: „Stellen Sie es sich mal vor! Ihren Jungen hat der Lerneifer gepackt. Er war eine ganze Stunde zu früh an der Schule. Seine Uhr geht nämlich vor.“

Lachend knuddelte Frau Kramer ihren Sohn und sagte: „Meine Güte, Tobi! Was machst du nur für Sachen! Gott sei Dank bist du wieder daheim, du Schlawiner!“ Sie bot den beiden Polizisten noch ein Tässchen Kaffee an und alle lachten über das kleine Missgeschick. Und Tobias erhielt noch ein kräftiges Frühstück.

C. Schluss: glückliche Lösung
Hier auch gute Ausgestaltung der Gefühle

3.6 Fortsetzung eines Erzählanfangs

Info

Die folgende Variante des gestalterischen Schreibens geht in die Richtung der Phantasieerzählung und der Parallelgeschichten. Ein Erzählanfang gibt die Einleitung zur eigenen Weitergestaltung vor. Der Anfang nennt die Grundsituation der Geschichte und auch das Kernproblem, um das sich die Erzählung ranken soll. Geschichten ähnlicher Art habt ihr natürlich vorher im Unterricht gelesen.

Aus dem norwegischen Märchen „Aschenhans“

Lesetext

(Auszug)
... Am nächsten Morgen schickte der Vater den zweiten Sohn in den Wald. Dem ging es jedoch nicht besser. Kaum hatte er den ersten Schlag gegen den Baum getan, da spürte er schon eine große kalte Hand an seinem Hals und der Troll schrie: „Fort aus meinem Wald, wenn dir dein Leben lieb ist.“
Auch der zweite Sohn ließ die Hacke fallen und rannte, was er konnte schnurstracks nach Hause.

„Merkwürdig“, sagte der Vater. „Mich haben die Trolle nie am Schlagen gehindert.“
„So lass mich morgen hinausgehen!“, rief der jüngste Sohn.
Die älteren Brüder spotteten, als sie das hörten.
„Wie, unser Aschenhans will's mit den Trollen aufnehmen?“, riefen sie. „Der muss ja über Nacht ein Held geworden sein! Schon recht, kriech nur hinter dem Ofen hervor und probier dein Glück! Dir Dummkopf wird schon der Mut vergehen, wenn der Troll dich am Kragen hat!“
Sie hielten den Jungen nämlich für dumm, weil er still und ein Träumer war und nie große Worte machte.
Er aber ließ sie spotten und sagte nur: „Wenn's mein Vater geschafft hat, will ich's auch schaffen.“ Er steckte Käse und Brot in seinen Beutel und zog los. Er fand seines Vaters Holzplatz und wählte eine große schöne Tanne. Schon holte er weit aus um den ersten Schlag zu tun, da vernahm er hinter seinem Rücken leise Schritte und sprang flugs zur Seite. Als er nach hinten blickte, sah er den Troll.
„Was schleichst du dich denn an wie ein Dieb?“, rief er. „Weil ich dich töten werde, wenn du in meinem Wald schlägst“, antwortete der Troll. Aschenhans holte den Käse aus seinem Beutel. „Ach, halt dein großes, grässliches Maul!“, rief er. „Sonst geht's dir wie diesem Stein hier.“ Und er drückte den Käse, dass das Wasser aus ihm lief.
Der Troll erschrak...

Fortsetzung

Musteraufsatz

... und bettelte: „Bitte, bitte lass mich in Ruhe! Deine Kraft macht mir Angst. Töte mich nicht. Du darfst auch in meinem Wald schlagen.“ Damit war Aschenhans zufrieden und schlug die Tanne. In der Wurzel der Tanne fand er einen wunderschönen Ring. Von diesem Ring hatte Aschenhans schon gehört: Den Ring hatte die Königstochter des Landes einmal bei einem Spaziergang verloren. Wer ihn findet und zurückbringt, darf sie heiraten.
Also ging Aschenhans zum König und bat um die Hand der Königstochter. Dem König aber gefiel der Finder des Ringes nicht, weil über ihn gespottet wurde und er von allen „Aschen-

A. Der Eingangstext dient als Einleitung. Die Handlung beginnt sofort mit dem Hauptteil. Aschenhans übertölpelt den Troll mit einem Trick.

B. Eigentliche Fortsetzung des Märchens: Der Ring und die Königstochter
I. Erste Probe

hans“ genannt wurde. Der König befahl daher Aschenhans: „Bringe mir erst den gefährlichsten Wolf des Waldes und bereite mir daraus ein königliches Mahl zu!“ Aschenhans dachte: „Zum Glück habe ich noch die Axt.“ Er lief in den Wald und fand auch schon bald den Wolf. Er erschrak! Der Wolf war riesig und sein Maul voller gefährlicher, spitzer Zähne. Der Wolf rannte auf ihn zu. Es begann eine wilde Verfolgungsjagd. Plötzlich sah Aschenhans eine kleine Hütte, sprang hinein und zum Fenster wieder hinaus. In der Hütte suchte der Wolf überall den Jungen. Der aber machte die Tür zu, sprang durchs Fenster wieder hinein und erschlug den Wolf mit der Axt. Mit dem toten Wolf über der Schulter lief er vergnügt zum Schloss. Er durfte in die königliche Küche, um den Wolf zuzubereiten. Es wurde das beste Mahl, das der König je gegessen hatte.

II. Zweite Probe

Nach dem königlichen Mahl ging er noch einmal zum König und bat um die Hand der Prinzessin. Der König aber war immer noch nicht zufrieden und befahl: „Das war noch nicht genug. Jetzt musst du die zehn Wildpferde auf der Weide bis morgen zähmen!“ Aschenhans dachte nach und ging dann in den Wald, um den Troll zu suchen. „Was suchst du in meinem Wald?“, rief die bedrohliche Stimme des Trolls. „Ich habe dich gesucht. Erinnerst du dich nicht mehr? Ich wollte in deinem Wald schlagen, aber du hast es verboten und dann habe ich den Stein zerdrückt!“, antwortete Aschenhans. Der Troll erinnerte sich wieder. „Ich brauche deine Hilfe! Kannst du die zehn Wildpferde des Königs zähmen?“, fragte der Junge. „Ich liebe Pferde, besonders Wildpferde. Ich werde die Wildpferde für dich zähmen!“, versprach der Troll. In der Nacht passte er auf die Pferde auf und alle waren folgsam und ruhig.

III. Dritte Probe

Am nächsten Morgen bat Aschenhans wieder um die Hand der Prinzessin. Aber der König wollte den Aschenhans noch immer nicht. „Bau mir meine Kutsche um, so dass sie schwimmt. Wenn du mit der Kutsche über den Schlosssee segelst, bekommst du meine Tochter!“, befahl er diesmal. Aschenhans überlegte lange. In seiner Not ging er wieder zum Troll. „Lieber Troll, du musst mir noch einmal helfen. Weißt du vielleicht, wie man eine Kutsche zum Schwimmen bringt?“, fragte er. „Ich habe eine Idee, ich könnte am Grund des Sees stehen und die Kutsche tragen“, schlug der Troll vor. „Das würdest du wirklich machen? Vielen Dank“, bedankte sich Aschenhans. Als der Troll die Kutsche im Wasser trug und es aussah, als würde sie schwimmen, konnte der König nicht mehr nein sagen und gab seine Tochter dem Aschenhans zur Frau.

IV. Glücklicher Höhepunkt

Die Hochzeit wurde auf der Kutsche im Wasser gefeiert. Aschenhans ließ heimlich ein paar Stücke vom Essen in den See fallen, damit der Troll auch seinen Anteil am Festmahl bekam.

C. Klassischer Märchenschluss

Als der König gestorben war, wurde der Aschenhans König und sein Land lebte glücklich und in Frieden. Und wenn sie nicht gestorben sind, dann leben sie noch heute.

Info

Märchen handeln stets vom Glück eines häufig benachteiligten oder armen Menschen. Viele Märchen beginnen mit dem Auszug des Helden, der dann in der fremden Welt sein Glück macht. Es gibt aber einige Hindernisse, die dem Glück im Weg stehen. So muss der Held Proben bestehen, ehe er sein Ziel erreicht.
Du darfst fabelhafte Wesen erfinden, du darfst Tiere sprechen lassen. Schließlich sind magische Kräfte im Märchen erlaubt. Diese Märchenfortsetzung zeigt die klassische Struktur. Aschenhans überlistet einen bösen Troll, findet einen Schatz, mit dem er sein Glück machen kann. Damit beginn das eigentliche neue Märchen. Es folgen die drei Proben und das glückliche Ende.

Der Koch und der Frosch   Zeichnung: Eckhard Lange

3.7 Reizwortgeschichten

Info

Das Geheimnis der Reizwortgeschichte besteht darin, aus wenigen vorgegebenen Worten eine ansprechende Erzählung zu gestalten. Die Reizworte sind so ausgewählt, dass du Spannungspunkte und auch den Höhepunkt deiner Erzählung erkennen kannst. Geschichten dieser Art schreibst du eher in der 6. Klasse. Du solltest somit auch alle Mittel der Ausgestaltung kennen.

Garten, Hamster, Katze, Nachbar

Aufgabe

Aus den Reizwörtern wird der Ort deutlich, an dem die Erzählung handelt, eben der Garten. Es muss sich etwas Dramatisches abspielen. Wahrscheinlich wird dein Hamster von der Katze des Nachbarn bedroht. Ist dir der Ablauf klar, kannst du einen Erzählplan entwerfen und dann die Geschichte schreiben.

Ein gutes Versteck

M Musteraufsatz

A. Sehr schöne Einleitung mit schildernden Elementen: kleine Details werden genau beschrieben

An einem sonnendurchfluteten, warmen Samstag spazierte Paul etwas gelangweilt durch das Dorf, denn er sollte für seine Mutter einkaufen gehen. Nach einiger Zeit kam er am idyllischen Garten der Familie Schmid vorbei. Wie immer blieb er stehen und bewunderte fasziniert den schönen Garten. Heute stand der Käfig des kleinen Hamsters Felix im Garten. Gemütlich schmatzte das Tierchen an einem Maiskolben. Paul beobachtete Felix und träumte ein bisschen vor sich hin.

B. Die Haupthandlung

I. Bedrohung durch die Katze des Nachbarn

1. Pauls Warnung

2. Katze auf dem Käfig

3. Pauls Gedanken

Alles war ruhig. Doch da sprang geschmeidig die schwarze Nachbarskatze über den Zaun. Sie blickte sich kurz um und sah den Hamster. Sofort schlich sie auf leisen Pfoten näher. Das Opfer merkte nichts, stattdessen sonnte es sich. Paul versuchte Felix zu warnen: „Pass auf, Felix!“, rief er. Die hinterhältige Katze sprang jedoch auf das Dach des Käfigs. Felix, der vor Schreck am Boden kauerte, fiepte jämmerlich. Der Räuber brachte den Käfig zum Kippen, bis er umstürzte. Paul, der vor Aufregung fast schrie, hatte nur einen Gedanken: „Frisst jetzt Maunzi den Felix?“

II. Flucht des Hamsters

1. Verfolgungsjagd aus dem Blickwinkel Pauls

Inzwischen flüchtete der Hamster vor der hungrigen Katze. Er flitzte schnell unter dem Zaun durch und rannte in den Nachbarsgarten. Maunzi, die Katze, sprang ihm hinterher. Paul trippelte vor Aufregung von einem Bein auf das andere. Felix sauste unter dem Tisch durch. Herr Schnauz, der Nachbar, schlummerte gerade in der Sonne. Maunzi rannte wie der Blitz unter dem Tisch durch. Sie riss dabei die Tischdecke mitsamt zwei Gläsern herunter und schleifte die Decke mit sich. Herr Schnauz starrte erschrocken und verwundert seiner hüpfenden Tischdecke hinterher. Der Hamster

2. Rettung

rettete sich gerade noch in ein altes Mauseloch. Maunzi kauerte nun wütend vor dem Loch. Felix fand sofort den zweiten Ausgang seines Verstecks. Doch die Katze ahnte dies nicht. Schnell schlüpfte der Hamster durch das zweite Loch hinaus und flitzte wieder zurück zu seinem Käfig.

III. Höhepunkt Endgültige Rettung durch Paul

Paul fiel ein Stein vom Herzen, als er ihn sah. Nun hielt er es nicht mehr länger aus und sprang über den Zaun, nahm das kleine Schlitzohr auf den Arm und streichelte das Tierchen.

C. Abrundender Schluss

Noch etwas zitternd blickte Felix zu Maunzi, die immer noch vor dem Mäuseloch im Nachbarsgarten hockte.

3.8 Geräuschgeschichten

Die Geräuschgeschichte fordert deine Phantasie heraus. Sie ist schwierig, weil dir keine Bilder beim Aufbau deiner Erzählung helfen. Den Erzählaufbau mit Einleitung, Spannungssteigerung, Höhepunkt und Schluss musst du selbst entwickeln, ebenso den Inhalt deiner Geschichte.

Hinweise zur Gestaltung geben dir nur die Geräuschwörter, die alle in der Geschichte vorkommen müssen. Natürlich darfst du zu den vorgegebenen Geräuschwörtern auch eigene hinzunehmen, die aber den gegebenen Geräuschwörtern verwandt sein müssen.

Da Geräusche auch etwas mit Gefühlen zu tun haben, spielt bei dieser Aufsatzform die innere Handlung eine wichtige Rolle. Das ist die Entwicklung der Gefühle und Gedanken, die das äußere Geschehens, den reinen Handlungsablauf, begleiten. Hierfür verwendest du wörtliche Rede oder beschreibst die Gedanken deiner Hauptperson.

Auch die Geräuschgeschichte steht wieder in der Vergangenheit, im Präteritum.

Schließlich musst du noch eine gute Überschrift erfinden.

Info

Quietschen, schnurren

Aufgabe

Die Vorgabe der Geräusche ist sehr sparsam. Ein Geräusch ist eher aufregend, das andere harmlos. Nur Katzen schnurren. Daraus ergibt sich die Planung der Erzählung. Die Erzählung handelt von einer Katze. Dies darf der Leser aber erst am Schluss erfahren. Die unheimlichen Geräusche lösen sich dann in einem harmlosen Geräusch auf. Du enträtselst die Ursache der geheimnisvollen Dinge, die in der Erzählung passieren.

Die unheimliche Nacht

Musteraufsatz

In einer dunklen Nacht verschwand der helle Mond hinter den Wolken. Ich saß am Kaminfeuer und hörte zu, wie es prasselte. Die Wärme des Feuers stieg in die Luft. Es war eine wunderschöne Nacht, in der ich nicht gestört werden wollte. Ich schaute auf meine Uhr, wie die Zeiger sich langsam vorwärts bewegten. Plötzlich schlug die Turmuhr 12 Uhr.	A. Schildernde Einleitung: Stimmung zur Geisterstunde
Ich stand aus meinem bequemen Sessel auf und löschte das Kaminfeuer. Dann stieg ich die knarrende Treppe hinauf und machte mich langsam und sehr müde auf den Weg in mein Schlafzimmer. Als ich hereinkam, stand das Fenster offen.	Einfacher Handlungsgang
Ich wollte mich gerade ins Bett legen. Noch einmal drehte ich mich um und erschrak fürchterlich. In meinen Vorhängen fauchte etwas und zwei große, gelbe Augen funkelten. Ein kalter Luftzug wehte durchs Zimmer und wirbelte die Gardinen in mein Gesicht.	B. Schilderung der inneren Gefühle
Auf einmal schlug das Fenster mit einem lauten Knall zu. Nun hörte ich das leise Quietschen einer Tür, das Geräusch hörte sich gruselig an. Vorsichtig ging ich aus dem Raum und horchte.	Das erste Geräuschwort und die innere Reaktion darauf
Nichts! Es war nichts mehr zu hören. Ich musste mich wohl getäuscht haben. Doch! Da war etwas, etwas anderes – ein tiefes, brummendes Geräusch.	Weitere unheimliche Geräusche, die aber beängstigend bleiben

Mir stand vor Angst der Schweiß auf der Stirn. Gleich darauf hörte ich ein Käuzchen leise rufen, das gerade davonflog. Ängstlich schlich ich in mein Zimmer zurück. Ich wollte das Licht anschalten, aber es kam nur ein winziges Flackern. Da – wieder dieses unheimliche Brummen, diesmal war es ganz nahe! Plötzlich stürzte jemand auf meinen Rücken. Ich erschrak so sehr, dass mir fast das Herz stehen blieb.

Höhepunkt: auch Steigerung des inneren Erlebens – tiefes Erschrecken

Ich fiel zu Boden und etwas Pelziges, Haariges strich über mein Gesicht. Ich hörte es laut schnurren. Zum Glück war es nur mein Kater Wolfi! Ich seufzte vor Erleichterung und kraulte Wolfi am Kinn, der vor Wohlbehagen tief brummend schnurrte. „Alter Racker“, murmelte ich, „musst du mir so einen Schreck einjagen?“

Lösung: Geräusch harmlos
Das zweite Geräuschwort kommt vor.
Wiederum Beschreiben des inneren Erlebens: Entspannung, Glück

Rascheln, stöbern, kramen

Aufgabe

Diese Geräuschwörter sind schwer zuzuordnen. Sie weisen nur auf etwas Geheimnisvolles hin, das enträtselt werden muss. Die Geräusche sollten daher in der Entwicklung der Handlung, in den Schritten der Spannungssteigerung vorkommen.

Der Einbrecher

Musteraufsatz

Frau Maier lag auf einem Liegestuhl im Garten und ließ sich von der warmen Sonne bräunen. Ihr Mann sprang in den daneben stehenden Pool und spritzte sie voll. „Das Essen ist fertig!“, rief die Tochter Miriam, die das Mittagessen für sie gekocht hatte. Herr und Frau Maier liefen in die Küche und setzten sich an den Tisch. „Guten Appetit!“, wünschten sie sich.

A. Einleitung mit harmlosem Alltagsgeschehen

Plötzlich hörte Herr Maier ein seltsames Rascheln aus dem Wohnzimmer. Es kam ihm so vor, als würde jemand im Wohnzimmer herumstöbern oder in Kisten kramen. Er sagte zu seiner Frau und Miriam: „Hört mal, da ist doch was. Irgendjemand stöbert im Wohnzimmer herum. Hört ihr nicht, wie es raschelt?“ Sie waren ganz still und lauschten aufmerksam. Alle hörten es. Frau Maier nahm sich ein Herz und schaute ins Wohnzimmer. Nichts!

B. Die Geräuschwörter leiten die Haupthandlung der Erzählung ein.

Niemand war zu sehen. Beruhigt aßen sie weiter. Von dem Geräusch bemerkten sie den ganzen Tag nichts mehr und so machten sie sich darüber keine Gedanken. Am darauf folgenden Tag regnete, donnerte und blitzte es. Offene Fenster schlugen immer wieder auf und zu, die Lichter flackerten, Hunde bellten und die Vorhänge tanzten im stürmischen Wind. Frau Maier saß an ihrem Schreibtisch im Büro und entwarf eine Schulaufgabe. Auf einmal hörte sie das Geräusch wieder, das so klang, als ob jemand herumstöberte oder in Kisten kramte. Sie rief nach ihrem Mann und Miriam. Sie bekam schon eine Gänsehaut, denn sie hatte Angst, dass ein Einbrecher im Haus war. „Miriam, Schatz! Kommt schnell her, es ist wieder da!“ Herr Maier und Miriam rannten keuchend zu ihr: „Was ist denn los? Und was ist wieder da?“, fragte Miriam aufgeregt. „Da-da-das Geräusch i-i-i-m-m Wohn-nzimmmer, es ist wi-wieder da!“, stotterte Frau Maier, die an ihren Fingernägeln kaute und zitterte. Herr Maier wusste keine andere Lösung, ging ins Schlafzimmer, holte seine Luftpistole, die schon ganz verstaubt war, lud sie und ging ins Büro. Frau Maier quälten schreckliche Gedanken: „Was ist, wenn ein Einbrecher uns fesselt und alles klaut?

Wiederholung der Geräuschwörter im Rahmen der Spannungssteigerung

Gefühlsbeschreibung als Mittel, um den Höhepunkt hinauszuschieben

Was ist, wenn er uns etwas antut? Wer ist er überhaupt? Was will er von uns?"

Alle drei schlichen zum Wohnzimmer. „Ich zähle jetzt bis drei und dann springen wir ins Wohnzimmer! Alles klar?", fragte Herr Maier leise, denn er wollte nicht, dass der Einbrecher ihn hörte. Frau Maier und Miriam nickten. Er flüsterte: „Eins, zwei, drei!" Sie sprangen ins Wohnzimmer. Aber sie sahen wieder keinen Menschen!

Plötzlich stürzte sich jemand auf Miriam herab! „HILFE!", schrie sie, doch es war zu spät. Sie fiel zu Boden. Miriam dachte: „Jetzt ist alles aus! Es hat mich! Ich bin verloren!" Als sie am Boden lag, lief es auf ihr herum und fühlte sich weich an. „Wolfi! Du hast mir aber einen Schrecken eingejagt", schrie Miriam, als sie erkannte, dass es ihr Kater Wolfi war.

Höhepunkt mit wörtlicher Rede und Schilderung der Gefühle

An diesem Abend stellte sich heraus, dass Wolfi nur mit seinem Ball gespielt und sein heftiges Herumturnen dabei das seltsame Rascheln verursacht hatte. Die Sache hatte die Maiers ganz schön viele Nerven gekostet, aber sie waren froh, dass der „Einbrecher" nur Wolfi gewesen war.

C. Schluss und Lösung

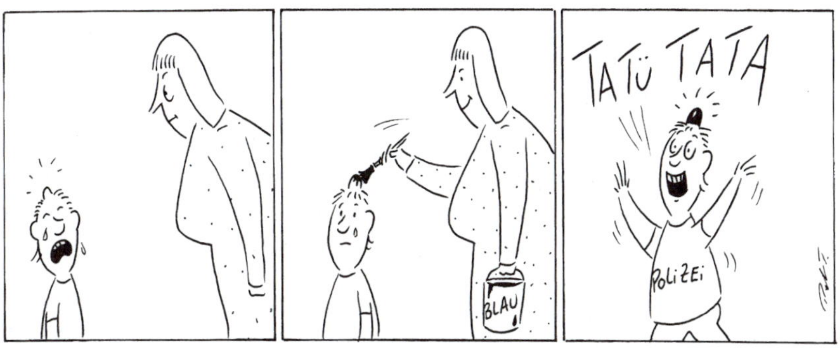

Der kleine Polizist *Zeichnung: Peter Thulke*

3.9 Parallelgeschichten

Schreiben nach einem literarischen Vorbild

Erzählungen, Jugendbücher, Märchen, Sagen oder Fabeln und überhaupt alle Arten von Geschichten, die ihr im Unterricht lest und besprecht, können auch Vorbild für das eigene Schreiben sein: Du versetzt dich hinein in die Geschichte, in die Personen, in das, was geschieht, in die geschilderte Stimmung, und erfindest eine eigene Erzählung, die genauso aufgebaut ist und dazu passt – aber eben mit der Handlung, die du selbst erfindest. Die vorgegebene Geschichte ist dir dabei eine Hilfe, selbst schon richtig schriftstellerisch tätig zu sein.

Die folgende Erzählung bezieht sich auf Peter Härtlings Erzählband „Alter John", erschienen im Beltz-Verlag.

Alter John stammt aus Brünn, im heutigen Tschechien. Eigentlich heißt er Jan Navratil. Im Alter zieht er zur Familie seiner Tochter. Es ist allerdings gar nicht leicht, mit einem Menschen zusammenzuleben, der lange Zeit alleine gewohnt hat.

In der Auseinandersetzung mit „Alter John", wie alle ihn liebevoll nennen, findet sich die Familie zusammen. Ein jeder erfährt die Stärken und Schwächen des anderen und lernt, sie zu achten.
Eine sehr empfehlenswerte Lektüre für die 5. oder 6. Klasse.

Zur Eigenart von Alter John gehört, dass er stets das Gute will und ihm manchmal auch Gutes gelingt, doch es kann auch vorkommen, dass er in seiner Sturheit genau das Gegenteil erreicht.

Die folgende Erzählung setzt voraus, dass euch die Erzählung Härtlings vertraut ist und ihr die Eigenarten von Alter John gut kennt. Ihr dürft auch die Erzählweise des Autors nachahmen. Dennoch ist das Schreibkonzept freier als beispielsweise bei der Erzählung einer Fabel oder Eulenspiegelgeschichte.

Alter John kocht für die Schirmers

Muster-aufsatz

An einem Freitagmorgen las Alter John wie üblich am Frühstückstisch in der Zeitung und schlürfte genüsslich seinen Kaffee. Laura und Jakob packten ihre Schulsachen zusammen und Herr Schirmer war auf dem Weg ins Badezimmer, um sich die Zähne zu putzen. Frau Schirmer stellte das schmutzige Geschirr in die Spülmaschine.

A.
Einführung in die familiäre Situation: Alter John versucht in der Familie seiner Tochter ein eigenständiges Leben zu führen. Die Kinder bewundern ihn, aber für seine Tochter und seinen Schwiegersohn gestaltet sich die Lage gelegentlich schwierig.

B. Hauptteil: John möchte das Mittagessen für die Familie zubereiten.

Plötzlich rief Alter John: „No, in der Zeitung steht, dass ich heute Namenstag habe, da müssen wir zur Feier des Tages doch etwas Besonderes unternehmen! Wisst ihr was, ich koche euch heute ein Mittagessen nach altem Familienrezept! Was haltet ihr davon?“
Irene Schirmer war ganz begeistert: „Endlich muss ich mal nicht kochen“, freute sie sich. Auch Vater Schirmer, Laura und Jakob nickten zustimmend. In Gedanken sahen sie sich schon ein herrliches Mittagessen vertilgen.

I. Alter John macht alles professionell.

Kurz nachdem Laura und Jakob das Haus in Richtung Bushaltestelle verlassen hatten, ging Alter John in sein Zimmer und wühlte dort im Schrank herum. Erst nach langer Zeit kam er mit einem uralten Kochbuch in der Hand und mit einer Mütze und einem weißen Mantel bekleidet zurück.
„No, sehe ich nicht wie ein echter Koch aus? Jetzt gehe ich einkaufen und mach mich gleich an die Arbeit“, rief er voll guter Laune und schlurfte in die Küche. Frau Schirmer sah ihn ganz entgeistert an. In einem solchen Aufzug hatte sie den Alten John noch nie gesehen.
„Und ich will von niemandem gestört werden!“, betonte Alter John, bevor er in der Küche ver-

schwand. Wenn Alter John sich konzentrieren musste, durfte ihn keiner stören. Also war für alle anderen die Küche tabu.	
In der Zwischenzeit saß Vater am Schreibtisch. Er entwarf ein großes Plakat mit der Werbung für die „Neuen Nudeln mit Biss". Mutter hängte im Garten fleißig Wäsche auf und sang dabei die Nationalhymne.	II. Parallelhandlung
Alter John kam vom Einkaufen wieder und mischte Salz und Pfeffer, Paprika und Curry in einem großen Topf. Er stellte den Ofen auf 200 Grad ein, holte Hackfleisch aus dem Einkaufskorb und schüttete es mit in die Pfanne.	III. Alter John kocht.
„Laura und Jakob werden bald hier sein", dachte Frau Schirmer. „Dann können wir hoffentlich gleich essen. Ich habe solchen Hunger!" Minuten später klingelte es an der Tür. Es waren Jakob und Laura, deren Sportunterricht ausgefallen war, deswegen hatten sie früher aus. Beide stöhnten: „Wir haben riesigen Kohldampf!" Und Laura fügte entnervt hinzu: „Gibt's gleich was zu essen? Was hat Alter John denn Feines gekocht? Und warum riecht es hier so seltsam? Als ob etwas angebrannt wäre!"	IV. Parallelhandlung Eltern und Kinder warten auf das gute Essen.
Mutter und Kinder sahen sich entsetzt an. Zur gleichen Zeit kam Vater die Treppe herunter: „Habt ihr diesen eigenartigen Geruch bemerkt? Ist etwas angebrannt?"	V. Das unerwartete Ereignis
Alle stürzten in die Küche, aus der bereits schwarzer Rauch in den Flur drang. Was war geschehen? Alter John hatte sich beim Einkaufen und bei der Zubereitung seines Familienrezeptes derartig überarbeitet, dass er am Küchentisch eingeschlafen war!	
Familie Schirmer erschrak beim Anblick der Küche: Die schönen Blümchentapeten waren voller Ruß und es stank fürchterlich nach verkohltem Hackfleisch.	

„Um Gottes Willen, was hast du mit meiner Küche gemacht?" Mutter schrie so laut, dass Alter John sofort aufwachte. „Wir sind erst vor kurzem hier eingezogen und jetzt dürfen wir die Küche neu tapezieren!"

V. Höhepunkt

Doch Alter John hatte überhaupt kein schlechtes Gewissen, er gähnte und meinte nur: „Das war eh eine scheußliche Tapete!" Vater musste Irene zurückhalten, damit sie nicht auf den Alten John losging.

Thomas erkannte sogleich den Ernst der Situation: Er rannte zum Telefon, um fünf große Pizzas mit Schinken und Salami zu bestellen und auf diese Weise seine Mutter wenigstens einigermaßen zu beruhigen.

Lösung des sich anbahnenden Familienstreits Spannungslösung durch die geschickte Reaktion von Thomas

Eine halbe Stunde später stand der Pizzaservice vor der Tür. Mutter Schirmer saß auf dem Sofa und schüttelte immer noch mit dem Kopf.

Alter John meinte zu Vater Schirmer: „No, das ist aber nett von euch, mir zu meinem Namenstag meine Lieblingspizza zu spendieren, aber ich will nichts von euch bezahlt haben!"

Das war nun endgültig zu viel für Irene. Wutentbrannt, mit hochrotem Gesicht fauchte sie ihn an: „Wir bezahlen dir auch nichts. *Du* wirst die Pizzas bezahlen – zur Feier der Küchenrenovierung!"

C. Schluss
Alter John bleibt eigensinnig, doch seine Tochter setzt sich durch.

Nach dieser Katastrophe nahm sich Mutter Schirmer vor, nie mehr einen anderen – und keinesfalls mehr Alten John – in ihrer Küche so genannte „Familienrezepte" ausprobieren zu lassen.

Die Qualität dieser Erzählung liegt darin, dass die Schülerin sich ganz und gar an der Erzählweise Härtlings orientiert hat und auch die Reaktionsweise aller Hauptpersonen gut erfasst hat.

Info

Fabeln

Die Fabel gehört zu den ältesten Erzählformen der europäischen Literatur. Diese kleine Kunstform folgt einem strengen Aufbau. Es gibt einen Konfliktfall, über den Tiere, Gegenstände oder Pflanzen in Streit geraten. Im Mittelpunkt steht somit ein knapper Dialog. Es folgt eine Konfliktlösung und eine Lehre, die sich aus dieser Lösung ergibt.
Der strenge Aufbau, bestehend aus Situation, Handlung, Rede, Gegenhandlung und Gegenrede sowie dem pointierten Ende, lässt sich leicht nachahmen. Die Fabel endet in einer gut verständlichen Lehre.
Die Fabel steht in der Vergangenheit, im Präteritum. Die Regeln der wörtlichen Rede musst du sicher beherrschen. Da es sich um eine kurze Erzählform handelt, sind die Verben genau zu wählen. Sie sollen ausdrucksstark und lebendig sein. Eigenschaftswörter sind genau und treffend einzusetzen. Den inneren Aufbau markierst du klar durch Absätze.

Folgende Schülerbeispiele benötigen keine weiteren Kommentare, weil sie in ganz unterschiedlicher Weise die Lebendigkeit dieser klassischen Textform zeigen.

Kein Volltreffer … *Zeichnung: Eckhard Lange*

Der Fuchs und das Glitzerding

Reinecke Fuchs fuhr einmal wieder mit seinem Porsche XC 3.000 einsam durch den Wald. „Ich bin so schön, ich bin so toll, ich bin der Fuchs aus Neuhausen“, sang er aus voller Kehle. Doch da entdeckte er, oben in einer Baumkrone, etwas Glänzendes. Natürlich wollte Freddi, der Fuchs, dieses Ding haben! „Das kriege ich ganz sicher“, sagte er zu sich. Mühsam versuchte er, den Baumstamm hochzuklettern, doch so lange er es auch versuchte, er rutschte immer wieder ab. „Mist, dreckiger, das muss ich haben, koste es was es wolle!“, fluchte er.

Da kam aber auch schon Brumm, der Bär, und sah Freddi mit vier Krallen am Baum hängen. Er lachte sich halb tot: „Ha, ha, was machst du denn da? Wenn du dich sehen könntest, wie doof du aussiehst! Oh, warte, ich habe meinen Fotoapparat dabei!“

Schnell zog er die Kamera aus der Tasche und sagte: „Cheese! Wenn du dein dummes Gesicht siehst ...!“

Weiter kam Brumm nicht, denn Freddi sprang auf den Boden. Hilflos und eitel ging er zum Auto.

„Warum lachst du? Das sind meine Sportübungen, so halte ich mich fit“, schnauzte der eingebildete Fuchs den Bären an.

„Du wolltest das Glitzerding vom Baum holen“, gab der Bär zurück.

Mit rot angelaufenen Gesicht antwortete der Reinecke: „Bist du crazy? Was weißt du Fettwanst denn schon von Sport? Ich muss jetzt gehen, Mama wartet! Außerdem, der Krimskram geht mir am Allerwertesten vorbei!“ Dann fuhr er so schnell wie möglich weg.

Der Bär meinte: „Ich habe ein Beweismittel, das Foto!“

In der Ferne hörte man Freddi noch fluchen: „Ich bin jetzt das Gespött von ganz Neuhausen!“

Lehre: Die Fabel lehrt, dass viele Leute das herabsetzen, was sie nicht erreichen können.

M Musteraufsatz

Der Gummistiefel und der Stöckelschuh

Die aufgeblasene Stöckelschuh-Dame Hacki und der dicke Gummistiefel Mopsi, die nebeneinander auf dem Schuhregal standen, verfielen mal wieder in einen heftigen Streit, den wie üblich Hacki angezettelt hatte. Hacki meinte: „Ich bin der hübscheste Schuh der Welt und nicht so ein unförmiger Kloß wie du!“

M Musteraufsatz

„Oh, das ist gar nicht wahr!“, protestierte Mopsi. „Ich finde mein Gelb ist schöner als dein komisches Blau!“, setzte er noch einen drauf.
„Ich bin blau wie der Morgenhimmel!“ Damit wollte Hacki klar machen, dass das, was Mopsi sagte, sie kalt ließ. Aber dann giftete sie: „Wenn meine Farbe hässlich ist, was ist denn deine dann?“
„Gelb wie die Sonne!“, erwiderte der Regenschuh fröhlich. „Nein, gelb wie giftiger Schwefel!“, spottete Hacki.
Doch da kam auch schon Frau Müller und wollte ihre Lieblingsstöckelschuhe anziehen. An dem Gesicht von Hacki konnte man erkennen, dass sie darauf sehr stolz war. Im Geheimen fand die Schuhdame ja Gelb einfach super, aber das muss man ja nicht in aller Öffentlichkeit zugeben.
Doch plötzlich, nach nur zwei Schritten, gab es einen lauten Knacks und der Stöckelschuh verlor seinen Absatz. An den Mienen der anderen Schuhe im Schuhregal konnte man erkennen, dass alle sehr erschrocken waren. Für Hacki brach eine Welt zusammen. Nun war sie nichts mehr wert und wurde nicht mehr gebraucht.
Lehre: Bosheit wird bestraft!

Die kleine Mücke und der große Löwe

M Musteraufsatz

Einst flog eine Mücke durch das Land und begegnete dabei dem König aller Tiere, dem Löwen.
„Gewiss denkst du, dass du stärker bist als ich! Das ist ein Irrtum, mein Lieber! Ich fordere dich zum Kampf heraus! Bist du bereit?“, prahlte die kleine Mücke, die sich groß und stark fühlte. „Ja, ich bin bereit!“, antwortete mitleidig der mächtige Löwe, der sich dachte: „Was für ein dummes Tier, das sich mit mir, dem König der Tiere, anlegen will!“

Die Mücke trommelte ihre Stechmückentruppe zusammen und zusammen zerstachen sie dem Löwen das ganze Gesicht. „Aua! Hilfe, das tut so höllisch weh!“, brüllte der Löwe vor Schmerzen und schlug mit seinen Krallen um sich, um die frechen Biester zu erschlagen. Doch die Mücken hörten nicht auf; sie stachen den Löwen immer und immer wieder ins Gesicht.

„Ich gebe auf! Ihr habt gewonnen!“, gab sich der Löwe letztendlich geschlagen.

Die Mücke bedankte sich bei ihren Freunden; dabei flog sie nicht wie ihre Artgenossen nach Hause, sondern sie schwirrte blind vor Stolz, weil sie gegen den Löwen gewonnen hatte, durch die Lüfte.

Plötzlich verfing sich die kleine Mücke im Netz einer Kreuzspinne. „Hilfe! Helft mir, ich bin hier gefangen! So helft mir doch! Bitte!“, schrie die kleine, schwache Mücke, die sich selbst nicht helfen konnte. Die Kreuzspinne, die den Kampf zwischen den Mücken und dem Löwen beobachtet hatte, entgegnete: „Du hast gerade so tapfer gegen den Löwen gekämpft und gewonnen, und jetzt wirst du hier von mir, einer kleinen, armseligen Spinne, ausgesaugt!“
Lehre: Es kommt nicht auf die Größe an, sondern auf die Wehrhaftigkeit!

Wenn sich zwei streiten, freut sich der dritte *Zeichnung: Eckhard Lange*

Wie der Fuchs ohne zu jagen an sein Essen kam

Musteraufsatz

Der hungrige Wolf hatte ein Reh gejagt und nach langem Hetzen erlegt. Aber als er gerade in das Tier beißen wollte, kam der Löwe angerannt und brüllte: „Hey Wolf, du kannst dieses Tier nicht fressen!“ „Warum denn nicht?“, fragte der Wolf scheinheilig, obwohl er die Antwort genau wusste. Da sagte der Löwe: „Aber mein lieber Wolf, ich bin doch der König der Tiere und deshalb darf ich mir alles nehmen, was ich will.“ „Und so einem Blödel soll ich mein Reh geben, dem ich stundenlang hinterher gehetzt bin?“, fragte der Wolf ärgerlich.
Da wurde der Löwe wütend und stürzte sich auf den Wolf, denn er wusste nun, dass dieser ihm das Reh nicht geben würde. Der Wolf und der Löwe begannen zu kämpfen. Sie verletzten sich gegenseitig so schwer, dass sie sich kaum noch auf den Beinen halten konnten, aber keiner wollte aufgeben.

Das sah auch der Fuchs, der bis jetzt hinter einem Baum gesessen hatte. Er dachte sich: „Es gibt schon dumme Tiere, sie bringen sich gegenseitig um, und ich fresse dann das Reh!“
Während der Wolf und der Löwe weiter kämpften, bis nur noch Fetzen von ihnen übrig waren, fraß der Fuchs in aller Ruhe das Reh.
Lehre: Wenn sich zwei streiten, freut sich der dritte.

Der unerreichbare Schinken *Zeichnung: Eckhard Lange*

Die Kanalratte und das Salamistück

Muster-aufsatz

Eine Kanalratte in den Tiefen des Kanals hatte mächtig Hunger. Da sah sie ein großes Salamistück, das auf der anderen Seite des Wassers am Ufer lag.
„Mmm“, sagte sie und fing an zu sabbern. „Das hole ich mir jetzt.“
Sie dachte lange nach, wie sie auf die andere Seite kommen könnte, bis ihr einfiel, ihren neuen Kanalratten-Jumbo-Jet X2000 zu holen, mit dem sie über das Wasser fliegen konnte. Also fuhr sie mit ihrem Matchboxauto los. Sie fuhr nach Abflussrohrcity, um dort bei Mr. P. Lot ihren Flieger abzuholen. Sie stieg ein, steckte den Zündschlüssel hinein und drehte ihn um. Doch der Flieger startete nicht. Er flog auch nach mehreren Versuchen nicht los.
Da meinte sie nur: „Pah, blöder Flieger, bestimmt ist das Salamistück schon alt und vergammelt, das schmeckt mir ja eh nicht.“ Und sie fuhr mit ihrem Matchboxauto wieder weg.
Lehre: Viele Leute setzen das herab, was sie nicht erreichen können.

Löwinnen und Löwe

Musteraufsatz

Wie jeden Tag gingen die Löwinnen und der Löwe auf die Jagd. Als sie einen Büffel zusammen erlegt hatten, brüllte der Löwe: „Ich habe heute besonders großen Hunger, deshalb fresse ich die Beute alleine." So ging das drei Tage lang, und am vierten Tag konnten die Löwinnen wegen ihres großen Hungers nicht mehr jagen. Aber der Löwe schaffte es nicht alleine, ein Tier zu erlegen. Also musste er wie die Löwinnen großen Hunger leiden. Am fünften Tag bat der Löwe die Löwinnen, ihre letzten Kräfte zusammenzunehmen und mit ihm zu jagen. Er versicherte ihnen, die Beute mit ihnen zu teilen. So erlegten sie eine Gazelle und alle konnten ihren Hunger stillen.

Deshalb: Behandle die anderen so, wie du selbst behandelt werden willst, sonst könnte es dir schlechter als deinen Helfern gehen.

Eulenspiegelgeschichten

Der Pauker *Zeichnung: Peter Thulke*

Info

Viele Witzzeichnungen leben vom Wortwitz. Worte unserer Sprache können je nach Situation unterschiedliche Bedeutungen haben. Darin liegt auch der Witz vieler Eulenspiegelgeschichten. Die Erzählweise ist in der Regel chronologisch. Eulenspiegel ärgert immer die gesetzten Bürger oder Menschen, die kleine Charakterschwächen haben. Anfangs zieht er in eine neue Stadt oder in ein neues Dorf. Wenn er einen Streich hinter sich hat, begibt er sich auf die Weiterreise, hat aber die Lacher auf seiner Seite.

Till soll Geld auf die Bank bringen

Musteraufsatz

Auf seiner Wanderschaft quer durch Deutschland kam Till eines schönen Tages nach Scheßlitz. Er hatte Hunger, aber kein Geld. Er sah die vielen Supermärkte am Ortseingang und dachte sich: „Dort werde ich doch ein wenig arbeiten können und mir eine Brotzeit verdienen.“

A. Till befindet sich immer auf der Reise und findet einen Ort, wo er seine Streiche spielt.

Till betrat den REWE-Supermarkt, ging direkt zum Büro des Geschäftsführers und stellte sich vor. Der Verkaufsleiter schaute ihn etwas erstaunt an und fragte: „Was für ein Geselle bist du?“ „Ein Verkaufsgeselle“, gab Till zur Antwort.

B. Aktualisierung des Geschehens: Till betritt einen Supermarkt.

Der Geschäftsführer musterte Till ein wenig, meinte dann aber freundlich: „Das trifft sich gut. Mein Lehrling ist gerade krank geworden. Du kannst gerne im Laden aushelfen.“

I. Till findet eine Arbeitsstelle.

Till stimmte freudig zu. Der Meister trank mit Till einen Kaffee und erklärte ihm, was er als erstes machen sollte: „Du musst noch die neue Lieferung von heute morgen einräumen.“

Willig sortierte Till die Tomatenlieferung in der Gemüseabteilung und die Äpfel in die Obstabteilung ein. Der Geschäftsführer betrachtete Till wohlgefällig und dachte: „Na, der kommt mir gerade recht, der soll ruhig kräftig zupacken.“ Und er gab Till, kaum war er mit einer Aufgabe fertig, sofort wieder etwas zu tun, ohne jede Pause.

II. Der Geschäftsführer nützt Till aus.

Am Feierabend war Till fix und fertig und froh, dass der Tag endlich zu Ende war. Er dachte, nun bekomme er seinen Lohn und könne gehen. Aber der Meister sagte zu ihm: „Ich bin hundemüde, denn ich schaffe schon seit dem frühen Morgen. Ich kann einfach nicht mehr! Deswegen musst du die Tageseinnahmen auf die Bank bringen.“ Er gab ihm einen Umschlag mit Geld.

III. Till bekommt einen weiteren Auftrag, der sich für einen guten Streich eignet. Er kann den Auftrag des Meisters wörtlich nehmen.

„Kein Problem, Meister. Das schaffe ich schon alleine. Aber sagt mir noch, wo eine Bank steht“, sagte Till. Er war wütend, weil er immer noch nicht fertig war, ließ sich aber nichts anmerken.

„Du Narr! Weißt du denn nicht, dass im Park Unmengen von Bänken stehn?“, schrie daraufhin der Geschäftsführer, der meinte, sein Geselle wolle ihn auf den Arm nehmen.

Till aber nahm den Umschlag mit dem Geld und ging in den Park. Schnell fand er eine hübsche Parkbank. Vergnügt legte er den Umschlag darauf und dachte sich: „Das war ein leichter Auftrag“, und kehrte zum Supermarkt zurück.

Der Geschäftsführer saß schlummernd in seinem Schreibtischsessel. Er bemerkte, dass Till wieder da war und fragte schläfrig: „Hatte denn die Bank noch auf?“

IV. Höhepunkt
Rache am Meister

„Ja natürlich, ich habe die Bank neben den Eichen ausgewählt“, antwortete Till. „Du hast was? Im Park? Mein Geld! Spinnst du? Mein schönes Geld, alles weg“, konnte der Meister nur noch stammeln und fiel fast in Ohnmacht.

Schnell schnappte Till seinen Rucksack und rannte in größter Eile zum Supermarkt hinaus. Als sich der Meister von seinem Schock wieder erholt hatte, war Till längst mit Äpfeln und Birnen, die sich rein zufällig in seine Hände „verirrt“ hatten, nach Bamberg unterwegs.

C. Nachdem Till seinen Streich erfolgreich ausgeführt hat, begibt er sich wieder auf die Wanderung.

Till füttert den Computer

M Musteraufsatz

A. Ausgangssituation: Till findet Arbeit im Großraumbüro einer großen Firma.

Als Till wieder einmal nach Bamberg kam, sprach er bei der Firma Bosch vor und stellte sich als Computerexperte vor. Der Personalchef sprach ihn an: „Hey du, möchtest du, wenn du ein Computerlehrling bist, bei mir arbeiten?" Till willigte freudig ein und begab sich gleich in das Großraumbüro.

B. Handlung beginnt unmittelbar mit der Eulenspiegelei.

„Füttere den Computer nur richtig", gab ihm der Personalchef noch mit auf dem Weg.
Till setzte sich an seinen Schreibtisch und überlegte, wie er denn den Computer füttern sollte.

I. Einschalten des Computers

„Am besten schalte ich ihn erst einmal ein", dachte er sich. Er betätigte den Startknopf und der Computer fuhr hoch. Erstaunt betrachtete er den Riesenbildschirm und überlegte, wie er ihn füttern sollte. Aber schon hatte er eine Idee.

II. Vorbereiten der Fütterung

Er lief eilig zum Chef und bat ihn um einen Vorschuss auf sein Gehalt. Und tatsächlich erhielt er 100 Euro Vorschuss. Er rannte damit zum Supermarkt. Dort schnappte er sich einen Einkaufswagen und bummelte an den Regalen entlang. „Was so ein Computer wohl gerne isst?", fragte sich Till, dessen Magen hörbar knurrte. Dann kaufte er ein: Salami, Käse, Joghurt, Äpfel, Birnen, Ananas und zu guter Letzt noch eine Tüte Chips. Er bezahlte 49,96 Euro.
Dann lief er schnell in sein Büro zurück, um den Computer zu füttern.

III. Fütterung des Computers

Als erstes legte er in das CD-Laufwerk eine Scheibe Salami. Der Computer „aß" die Salami aber nicht, denn als er das CD-Laufwerk wieder öffnete, lag sie immer noch darin. Da schraubte Till den Computer auseinander und legt die Salami über die Lüftung. Als nächstes schälte Till Äpfel und Birnen und legte sie auf

die Festplatte. Er kippte das Joghurtglas über dem Computer aus, die Ananas schnitt er klein und verteilte sie auf der Grafikkarte. Da wurde der Bildschirm weiß wie der Joghurt. Die Chips zerbröselte er über dem Joghurt und verteilte alles im Computer, der nun leise zu brutzeln anfing.
Danach schraubte er den Computer wieder zusammen.
Freudig rief er seinem Chef, der im Büro nebenan saß, zu: „Der Computer ist jetzt gefüttert. Nur riecht er jetzt etwas eigenartig."

IV. Höhepunkt: Meister bemerkt den Streich Tills.

Verwundert blickt sein Chef auf. Doch im gleichen Augenblick entwickelte sich eine große Dampfwolke aus dem Computer, der kurz darauf mit einem großen „Bumm!" explodierte.
Durch die Wucht der Explosion flog der Meister quer durch den Raum und landete mit dem Kopf im Papierkorb. Er wurde so wütend, dass er Till am liebsten in der Luft zerrissen hätte. Aber als der Meister in Tills Büro kam, war es voller Rauch und Till hatte sich längst heimlich davongeschlichen.

C. Tills Flucht

Der Meister rutschte, weil er nichts sah, in der verkokelten Joghurtsauce aus. Er verfluchte Till: „Du Blödmann, kannst du gar nichts richtig machen! Na warte, wenn ich dich in die Finger kriege." Doch Till war schon über alle Berge und wanderte fröhlich in Richtung Ebern.

Der Marmorkuchen

Musteraufsatz

A. Traditioneller Erzählanfang: Till arbeitet bei einem Bäcker.

Als Eulenspiegel nach Ebern kam, schlenderte er durch die Straßen, bis er einen traurigen Mann sah. Den fragte er: „Was bedrückt Sie, mein Herr?" „ Ich habe gerade keinen Bäckerlehrling. Willst du nicht bei mir arbeiten?", sagte der Herr, der der Meister einer Bäckerei war. Till sprach: „Ich würde sehr gerne bei euch arbeiten. Wann soll ich anfangen?" „Am besten heute noch", antwortete der Meister.

B. Vorbereitung des Streichs

Der Meister war ungeduldig und sehr streng. Till musste in den ersten zwei Tagen nur den Teig für die Brote und Brötchen machen und den Ofen putzen. Am dritten Nachmittag sagte der Meister: „Ich mache heute einen Ausflug mit meiner Familie und ich komme erst am Abend zurück. Du bleibst da! Backe mir bis morgen fünf Marmorkuchen."

I. Auftrag des Meisters, den Till wieder wörtlich nimmt

Danach ging er ins Haus zu seiner Familie, holte die Kinder und die Frau ab und wanderte los. Als sie außer Sichtweite waren, lief Eulenspiegel zum Steinmetz am Friedhof und holte zwei Platten Marmor sowie einen Hammer und einen Meißel. Bezahlen werde später der Bäcker, sagte er zum Steinmetz. Fröhlich pfeifend kehrte er in die Bäckerei zurück und begann sofort mit seiner Arbeit. Er meißelte und meißelte ohne Unterbrechung, bis er aus den Marmorplatten fünf wunderbare, runde Kuchen geformt hatte. Mit Wohlgefallen betrachtete er sein Werk und begab sich zu Bett.

II. Till bereitet seinen Kuchen vor.

Am nächsten Morgen stand Till vor dem Meister auf, um den Ofen zu schüren und wieder zu löschen, damit es nicht auffiel, dass er nicht gebacken hatte. Der Bäckermeister kam auch gleich herunter und fragte Till, wo die Kuchen seien, weil er kosten wolle. Aber als er ein Stück abschneiden wollte, brach das Messer ab. Der Meister schrie Till an: „Was sind denn das für Marmorkuchen?" „Ihr habt mir aufgetragen, fünf Marmorkuchen zu machen, und das habe ich auch getan", erwiderte Eulenspiegel ganz ruhig. „Aber doch nicht aus echtem Marmor.

III. Till zeigt dem Meister sein Werk.

IV. Höhepunkt: Till hat den Meister genarrt, der aber bleibt machtlos.

Willst du mich für dumm verkaufen?“, schrie der Meister. „Ich glaube, du spinnst. Bezahle mir den teuren Marmor und lass dich hier nie wieder blicken, sonst jage ich dich bis ans Ende der Welt.“

C. Origineller Schluss
Till zieht weiter

Eulenspiegel warf ein paar Euro auf den Tisch, schnappte sich die fünf Kuchen und rannte aus der Bäckerei hinaus auf den Marktplatz. Dort verkaufte er die Kuchen aus Marmor als Schmuckstücke und nahm viel mehr Geld ein, als er dem Bäckermeister bezahlt hatte. Verschmitzt zog er weiter in Richtung Coburg.

3.10 Erzählung mit schildernden Elementen

Info

Jede Erzählung sollte schildernde Elemente enthalten. Wenn im Aufsatz schildernde Elemente ausdrücklich gefordert sind, dann sollen innerhalb der Erzählung einige stimmungshaltige Beschreibungen der Natur, der Umgebung, der Gefühle vorkommen. Dabei spielen insbesondere **Adjektive** eine Rolle sowie weitere Stilmittel der Ausgestaltung wie **anschauliche Verben, bewusste Wiederholung von Wörtern** zur Ausdruckssteigerung, **treffende Vergleiche, Gegensätze**. In jedem Falle soll neben der äußeren Handlung auch die Gefühlskurve ausgestaltet werden.

Die Schlittschuhläuferin *Zeichnung: Peter Thulke*

Dünnes Eis bricht leicht

M
Musteraufsatz

Es klirrte vor Kälte, die milden Sonnenstrahlen durchbrachen nur mühsam die graue Wolkendecke; wenige Vögel zwitscherten und hockten aufgeplustert auf den schneebedeckten Ästen. In den Häusern und in den Fußgängerzonen erklangen Weihnachtslieder. Friedlich kauften die Leute ein oder saßen gemütlich zu Hause, bloß bei Familie Müller gab es wieder einmal Streit.

A. Die Einleitung enthält eine sorgfältige Schilderung der Natur, der Menschen und der Umgebung.

„Ich verbiete dir, heute Schlittschuh laufen zu gehen! Das ist viel zu gefährlich, denn der See ist noch lange nicht zugefroren, das Eis ist zu dünn und morgen ist Weihnachten!", kreischte Carinas Mutter hysterisch. Carina erwiderte vollkommen gelassen: „So schwer bin ich nun auch wieder nicht! Das Eis wird mich tragen und ich werde vorsichtig sein, in Ordnung? Außerdem kommt Susanne mit. Und du musst heute sowieso noch arbeiten!" Die Mutter gab mürrisch nach und Carina holte schnell ihre Freundin ab. Gemeinsam tapsten sie durch den Schnee zum nahe gelegenen See.

B. Spannungssteigerung
I. Familienstreit: Die Gefühle der Mutter und die Gefühle Carinas werden verdeutlicht durch die wörtliche Rede, insbesondere durch die guten Redeeinführungen.

Nachdem sie ihre Schlittschuhe angezogen hatten, traten die beiden Mädchen vorsichtig auf das Eis. Es hielt. „Juhu!", jauchzte Carina überglücklich und wagte sich auf das Eis hinaus. Sie fuhr schneller und schneller. Das Eis glitzerte im Sonnenlicht. An manchen Stellen war die Eisschicht glasklar und man konnte hindurch ins eiskalte Wasser blicken. Während ein paar Krähen krächzend über ihren Kopf hinweg zogen, drehte sich Susanne ein paar Mal kunstvoll um die eigene Achse. Übermütig zog sie dann immer größere Kreise und fuhr immer schneller. Auf einmal hielt sie inne, sie vernahm ein Geräusch unter sich und sie blickte überrascht nach unten. Sie hörte ein knirschendes Geräusch

II. Eislaufen: Gute Beschreibung des zugefrorenen Sees und des Eislaufens selbst und sah einen langen Sprung im Eis. „Oh nein, das Eis bricht! Was soll ich bloß tun?“, ging es Carina durch den Kopf. Die Krähen schienen sie auszulachen mit ihrem Gekrächze. Da, ein weiteres Knacken! Ihr Herz rutschte ihr in die Hose, als sie plötzlich einen zweiten großen Riss sah. Trotz der Kälte wurde es Carina ganz heiß und ihre Schläfen pochten. „Ich werde ertrinken! Ich werde ertrinken!“, dachte sie immer wieder. Ihre Nase war rot angelaufen und ihre Hände nass geschwitzt. Kracks! Wasser drang aus den Rissen. Carina hatte keine Chance, sie war schon viel zu weit vom Ufer entfernt. Mit einem lauten Knirschen brach das Eis unter ihr und sie versank im eiskalten Wasser. Es war ihr, als würde ihr das Blut in den Adern gefrieren. Carina versuchte verzweifelt, sich am Eisrand festzuhalten, doch er brach immer wieder ab. Sie strampelte heftig mit den Beinen. Ihre Klamotten sogen sich immer mehr mit Wasser voll und drohten, sie auf den eisigen Grund des Sees hinab zu ziehen. Sie schrie aus Leibeskräften um Hilfe.

III. Das Brechen der Eisdecke: Die Geräusche sind genau beschrieben, die Gedanken von Carina werden deutlich.

IV. Carina bricht ein: Beschreibung ihrer Situation, Beschreibung ihrer Gefühle

Susanne, die am Rand des Sees gemütlich ihre Runden drehte, hörte plötzlich die Hilferufe ihrer Freundin und schaute sich erschrocken um. Panisch sah sie, wie Carina im See zu versinken drohte. „Was soll ich bloß tun?“, dachte sie hektisch. Da sah sie einen langen Ast am Ufer liegen. „Das ist es!“, schoss es ihr durch den Kopf. Sie ergriff den Ast und fuhr vorsichtig zu Carina. Kurz vor der Einbruchstelle legte sie sich auf den Bauch und streckte ihrer Freundin den Stock zu. Mit letzter Kraft klammerte sich Carina an dem Ast fest. „Zieh! Zieh!“, brüllte Carina. Susanne zog aus Leibeskräften, doch ihre Kraft ließ mehr und mehr nach. Carina rutschte ab, konnte den Stock aber gerade noch einmal greifen. „Hau ruck! Hau ruck!“, feuerte

V. Reaktion ihrer Klassenkameradin

VI. Höhepunkt: Die Rettung Wiederum genaue Beschreibung, gute Adjektive, wörtliche Rede sich Susanne selber an und zog sie mit letzter Kraft aus dem Wasser. Am Ufer angekommen, rief sie sofort Frau Müller an.

C. Versöhnlicher Schluss
Gute Ausgestaltung: Gefühle, kleine Handlung, wörtliche Rede

Carina heulte vor Erleichterung und saß mit Jacken zugedeckt auf dem gefrorenen Boden. Ihre Lippen waren blau gefärbt und sie zitterte am ganzen Körper. Endlich kam Frau Müller. „Carina, was machst du denn für Sachen? Komm her, ich bring dich jetzt heim!“, rief sie aufgeregt und doch auch erleichtert.

Zu Hause angekommen, steckte Frau Müller ihre Tochter sofort ins Bett. Am Morgen erwachte Carina und musste erst einmal kräftig niesen. Ihr Hals brannte und ihr Kopf tat ihr weh. Ihre Mutter kam mit einer heißen Tasse Tee ins Zimmer und setzte sich zu ihr ans Bett. „Bitte versprich mir, nächstes Mal vorsichtiger zu sein!“, flehte die Mutter. „Wenn du weniger arbeitest!“, lachte Carina und sie schlossen sich in die Arme.

Ausgetrickst *Zeichnung: Eckhard Lange*

4. Argumentieren

Argumentieren bedeutet, überzeugend zu schreiben. Der Autor möchte den Leser von seiner Meinung überzeugen. Argumentative Aufsatzformen gibt es von der Unterstufe bis zur Oberstufe.
In der Unterstufe lernst du, argumentative Gedankengänge innerhalb eines Briefes zu entwickeln, in der Mittelstufe fordert der Lehrplan bereits eine gut ausgebaute Stellungnahme zu einfachen Themen, aus der sich Ende der Mittelstufe verschiedene Formen der Erörterung entwickeln. Erörtern bedeutet dann, dass du dich mit verschiedenen Strategien mit Problemen deiner Welt sachlich auseinandersetzt.

Das Grundprinzip des Argumentierens bleibt, unabhängig von der Aufgabenstellung und dem vorgegebenen Rahmen deines Aufsatzes, immer gleich:
Du stellst zu einem strittigen Thema eine **Behauptung** auf, beweist sie durch einen überzeugenden Gedankengang mit mehreren **Argumenten** und gibst nach Möglichkeit ein anschauliches **Beispiel**, das die Stichhaltigkeit deiner Beweisführung untermauert.

4.1 Persönlicher Brief in der Unterstufe mit argumentativen Gedanken

Der persönliche Brief verlangt einige Formalien, die dir bereits bekannt sind. Dazu gehören die korrekte Gestaltung des Briefumschlags, Orts- und Datumsangabe im Briefkopf, Anreden und Grußformeln, die zum Empfänger passen, eine Gliederung in Sinnabschnitte und eine korrekte äußere Form.
Den Erzähl- und Einladungsbrief hast du bereits kennen gelernt. Du erinnerst dich, dass diese Briefe zu Beginn den Schreibanlass enthalten, zum Schluss einen abrundenden Gedanken. Im Zentrum des Briefes steht dann die Besonderheit der Einladung oder eine kleine Erzählung. Beim persönlichen Brief mit argumentativen Inhalt steht im Zentrum die Begründung für ein Anliegen, das dich beschäftigt.

Ferientage bei der Freundin

Musteraufsatz

Priesendorf, den 28. Mai 2003	Ort, Datum
Liebe Mami, lieber Papi,	
die Ferientage mit Hannah in Priesendorf sind herrlich. Wir radeln, fahren Inlineskates und Hannahs Mutter versorgt uns mit köstlichem Essen.	Briefanlass: Ferientage bei der Freundin
Bald habe ich ja Geburtstag. Selbstverständlich möchte ich Hannah zu uns nach Memmelsdorf zu meiner Geburtstagsfeier einladen. Da wir ja etwas länger feiern möchten, wollte ich euch fragen, ob Hannah bei mir schlafen dürfte.	Anliegen des Briefes: Gegeneinladung Thema: Übernachtung der Freundin
Ich darf ja jetzt auch bei ihr übernachten. Außerdem müssten Hannahs Eltern nicht noch spät abends bei uns vorbeikommen, um Hannah abzuholen.	1. Argument: Gastlichkeit von Hannahs Eltern
Meine Geburtstagsfeier wird an einem Freitag stattfinden, daher würde es keine Probleme mit der Schule geben und meine Hausaufgaben könnte ich am Sonntag machen.	2. Argument: schulische Pflichten werden nicht vernachlässigt
Außerdem möchte Hannah mein neues Zimmer so richtig kennen lernen. Wir könnten also gleich mein Zimmer „einweihen" und darin eine Nacht verbringen. Ich habe ein großes Bett, in dem bequem zwei Personen schlafen können.	3. Argument: Einweihung des neuen Zimmers
Und vergesst nicht: Mein Bruder Max durfte vor drei Wochen auch seinem Freund Dominik bei sich schlafen lassen und ihr hattet nichts dagegen!	4. Argument: Gleichbehandlung mit dem Bruder
Bitte, bitte lasst Hannah bei uns schlafen. Ihr würdet mir damit die schönste Geburtstagsfreude bereiten.	Abrundung: Bitte – Übernachtung Hannahs schönstes Geburtstagsgeschenk
Liebe Grüße! eure Inka	Grußformel

Dieser Brief einer Fünftklässlerin zeigt, dass Argumentieren gar nicht so schwer ist, wenn der Briefschreiber sich etwas Mühe gibt, auf die Gedankenwelt seines Gegenübers einzugehen.

Der folgende Brief ist der klassische Antwortbrief. Du gehst somit auf einen Brief deines Gegenübers ein und greifst Elemente daraus in deinen Gedanken auf. Dieses Verfahren gilt auch für Leserbriefe.

Ein neuer Hund

Musteraufsatz

Priesendorf, den 6. Juni 2005	Ort, Datum
Inka Arndt Forchheimer Straße 12 96170 Priesendorf	Vollständiger Absender (nicht zwingend, aber gut)
Dorothea Köber Ringweg 5 96155 Zapfendorf	Vollständige Adresse des Empfängers – auch ein Merkmal des formalen Briefes
Liebe Tante Dorothea, herzlichen Dank für deinen Brief. Ich weiß, dass du dich mit meinen Eltern gut verstehst. Du kennst ja meinen sehnlichsten Wunsch, endlich auch einen Hund zu bekommen. Ich weiß ja, dass du auch ein Hundenarr bist. Deshalb bitte ich dich, mit meinen Eltern zu reden. Wenn ich sie frage, vertrösten sie mich immer auf später.	Briefanlass: Bitte, den Wunsch nach einem Hund zu unterstützen Komplimente für die Tante
Vor einer Woche habe ich in der Schule erfahren, dass in der Nachbarschaft ein Foxterrier sechs kleine Welpen bekommen hat. Foxterrier sind die kleinen munteren Hunde mit den bunten schwarzen und braunen Flecken. Sie sind ganz kinderlieb und kläffen auch nicht herum. Aber du kennst dich ja mit Hunden aus.	Grund für die Dringlichkeit des Schreibens – junge Hunde in der Nachbarschaft 1. Argument: kinderliebe, kleine Hunde
Laura und ich haben sie nach der Schule gleich besucht. Einer davon hat mir besonders gut	

gefallen. Während seine Geschwister schliefen, trampelte er auf ihnen herum und kniff ihnen in den Po. Jeden Tag besuche ich ihn. Falls ich ihn bekommen sollte, nenne ich ihn Felix, den Glücklichen.	Persönliche Fortführung – Welpen bereits ins Herz geschlossen
Ich werde auch Verantwortung tragen und von meinem Taschengeld das Futter bezahlen. Mama und Papa müssen mit dem Hund nicht spazieren gehen, denn das würde ich übernehmen. Ich habe vor der Schule Zeit und nach	2. Argument: Verantwortung – Futter vom Taschengeld – Hund ausführen
der Schule sowieso. Da Mami nicht arbeitet, kann sie ja zwischendurch mal raus gehen, was ihr auch nicht schadet. Wenn Papa mal nachts rausgeht, dann verlässt er wenigstens einmal seinen Schreibtisch und kommt auf andere Gedanken.	3. Argument: auch für die Eltern gut
Wenn wir in den Urlaub fahren, können wir ihn leicht mitnehmen, weil es doch nur ein kleiner Hund ist. Vielleicht magst du auch während dieser Zeit auf ihn aufpassen.	4. Argument: Hund pflegeleicht
Bitte, bitte, liebe Tante Dorothea, rede mit Mama und Papa und versuche alles, um sie umzustimmen. Du würdest mir damit eine riesengroße Freude bereiten.	Abrundung mit dringlicher Bitte
deine Inka	

Für meinen liebsten Freund *Zeichnung: Eckhard Lange*

4.2 Begründete Stellungnahme

Bereits am Ende der Unterstufe und am Anfang der Mittelstufe lernst du die begründete Stellungnahme kennen. Hierbei geht es um einen argumentativen Gedankengang, in dem zu einem Gedanken mehrere Argumente schon recht genau entwickelst. Sofern der Beweis nicht ohnehin für sich spricht, bemühst du dich, zu jedem Argument auch Beispiele zu geben.
Als Schreibrahmen bietet sich der formale Brief an. Die Stellungnahme kann aber auch für sich stehen, wenn es um ein strittiges Problem geht, zu dem du auf der Schulhomepage oder in der Schülerzeitung Stellung nimmst. Diese Entscheidung hängt von der Aufgabenstellung ab.
Ob mit oder ohne Briefrahmen, du hast immer einen Empfänger vor Augen, der in der Regel eine ganz andere Position als du vertritt und den du überzeugen möchtest.

Die Grundstruktur folgt einem bewährten Muster:

A. Einleitung: Schreibanlass, Hinführung zum Thema

B. Thema: Ausgangsbehauptung

I. Argument 1

  1. Beweisführung zu Argument 1
  2. Beweisführung zu Argument 1

Dies bedeutet, dass du stets zwei Gedanken zur Beweisführung eines Arguments, nach Möglichkeit mit Beispiel, entwickeln solltest.

II. Argument 2

  1. Beweisführung zu Argument 2
  2. Beweisführung zu Argument 2

und so fort...

Die Anzahl der Argumente hängt vom Thema ab. In der Regel sind drei bis fünf Argumente gefordert.

C. Zusammenfassung der Gedanken beziehungsweise Briefschluss

Eine Argumentation ist stets sachlich. Die einzelnen Argumente sollst du gedanklich verbinden, damit sie nicht abgehackt nebeneinander stehen.

Die entsprechenden sprachlichen Wendungen sind im folgenden Aufsatz unterstrichen.

Schneemann nach Afrika *Zeichnung: Eckhard Lange*

Musteraufsatz

Der Projekttag

Bamberg, den 27. Juli 2005	Ort, Datum
Klasse 7d des Dientzenhofer-Gymnasiums Bamberg	Absender
Herrn OStD Werner Bauernsachs	Empfänger
Sehr geehrter Herr Bauernsachs,	Höfliche Anrede
wir, die Schülerinnen und Schüler der Klasse 7d, hoffen, dass Sie sich ein bisschen Zeit nehmen, um sich mit unseren Argumenten zu einem Thema zu befassen, das uns sehr am Herzen liegt: einen Projekttag wieder einzuführen, wie er bis vor zwei Jahren an unserer Schule stattgefunden hat.	A. Schreibanlass
Wie wir aus Gesprächen mit vielen Mitschülern wissen, wäre es im Sinne vieler, den einstigen Projekttag, der in den letzten zwei Jahren mit dem Sommerfest zusammengelegt wurde, wieder getrennt davon durchzuführen. Hierbei sollte der damalige Ablauf beibehalten werden, indem von Schülern für Schüler Projekte zum Mitmachen angeboten werden.	B. Thema: Wiedereinführung des Projekttags Projekttage sollen nicht mit dem Schulfest verknüpft werden.
Erst einmal spricht für so einen Projekttag, dass Lehrer und Schüler gerne eine neue Beschäftigung erlernen beziehungsweise einen Vormittag mit einem von ihnen geschätzten Hobby verbringen. Dabei kann man bereits vorhandenen Interessen nachgehen oder etwas völlig Neues für sich entdecken. So fanden beispielsweise am letzten Projekttag Kurse wie Tauchen oder die Umgestaltung des Fahrradkellers großen Anklang.	I. Projekttag kommt den individuellen Interessen von Lehrern und Schülern entgegen: 1. Sie können ihren Interessen nachgehen. 2. Sie lernen Neues. (Beispiel: Tauchen, Raumgestaltung)

Weiter ist zu sagen, dass an einem solchen Vormittag aufgrund der gleichen Interessen neue Kontakte geknüpft werden können, sodass man sein Hobby zukünftig mit Gleichgesinnten ausüben kann und neue Freundschaften entstehen. Ein Freund von mir hat zum Beispiel in einem Kurs das Jonglieren erlernt und ist seitdem im Arbeitskreis Akrobatik tätig, der an unserer Schule erfolgreich zustande gekommen ist.	II. Projekttage helfen, neue Kontakte zu knüpfen: 1. Man kann mit Gleichgesinnten arbeiten. 2. Es ergeben sich neue Freundschaften. 3. Neue Arbeitskreise entstehen. (Beispiel: Akrobatik)
Außerdem bietet der Projekttag für Schüler die Möglichkeit, die Verantwortung für eine Gruppe zu übernehmen und Mitschülern eigene Interessen näher zu bringen. Dadurch wird die Persönlichkeit gebildet und das Selbstvertrauen gestärkt, was einen Schüler unter Umständen dazu ermutigen kann, einen eigenen Arbeitskreis an der Schule zu gründen.	III. Schüler übernehmen Verantwortung: 1. Persönlichkeit wird gebildet. 2. Selbstvertrauen wird gestärkt.
Zuletzt spricht noch für einen Projekttag in dieser Ausführung, dass jeder selbst ein Projektthema auswählt und somit im Gegensatz zu den letzten beiden Jahren, in denen die Themen vorgegeben waren, alle zufrieden gestellt sind.	IV. Schüler können Themen selbst wählen: 1. Daraus ergibt sich eine große Themavielfalt. 2. Schüler sind zufrieden.
Es ließe sich dagegen einwenden, dass nicht jeder seinen Wunschkurs belegen kann, weil sich schon zu viele Teilnehmer gemeldet haben. Jedoch gibt es hier die Regelung, dass man im Voraus ein Ersatzprojekt wählt, falls der bevorzugte Kurs überlastet ist.	V. Abschluss der Argumentation durch Widerlegen eines Gegenargumentes: Kurswahl bleibt immer problematisch, Ersatzprojekte als Lösung
Danke, dass Sie sich die Zeit genommen haben, sich mit unseren Argumenten zu befassen – wir würden uns natürlich sehr freuen, wenn wir damit erreichen könnten, den „guten alten" Projekttag wieder einzuführen.	C. Briefschluss
Mit freundlichen Grüßen Ihre Klasse 7d	Grußformel
PS: Es würde uns auch freuen, wenn Sie einmal in unsere Klasse kämen, um dieses Thema mit uns zu diskutieren.	Verbindlicher Nachsatz

5. Inhaltsangabe

5.1 Inhaltsangabe poetischer Texte

In der schulischen Tradition gibt es drei Arten, wie man Texte zusammenfasst:

1. **die Textzusammenfassung**
2. **die Inhaltsangabe**
3. **die erweiterte Inhaltsangabe**

Die Textzusammenfassung konzentriert sich nur auf den **Inhalt** des Textes.
Die Inhaltsangabe hat einen informierenden Vorspann, den **Basissatz**.
Bei der erweiterten Inhaltsangabe gibt es **auch noch Zusatzfragen** zum Textverständnis, zur Form und zur Sprache.

Die erweiterte Inhaltsangabe gehört aber in die Mittelstufe. Nach dem neuen Lehrplan ist es wieder möglich, in der Unterstufe eine Inhaltsangabe zu schreiben.

Für das Grundverstehen eines Textes ist es gut, sich vorab Gedanken darüber zu machen, worum es in dem Text eigentlich geht.
Dafür befragst du den Text mit den **W-Fragen**:
- **Was? Worum geht es? Dies ist die zentrale Frage nach dem Inhalt des Textes.**
- **Wer? Wann? Wo? Wie? Warum? Die Reihenfolge spielt eigentlich keine Rolle.**

Zentral erscheint jedoch die Frage „Was?" oder „Worum geht es?", eben die Frage nach dem Kern der Erzählung. Alle anderen W-Fragen sind dieser zentralen Frage zugeordnet. Zusätzlich sind der Name des Autors und die Überschrift zu nennen.
Schreib dir diese Fragen am besten auf einen Stichwortzettel und füge dann, nachdem du den Text sehr sorgfältig gelesen hast, die entsprechenden Antworten in Stichworten hinzu.

Die Textzusammenfassung

Normalerweise bekommst du Texte mit einer klaren Handlungsstruktur, die dem Grundaufbau der Erlebniserzählung folgt. Es bietet sich daher an, den Text in Sinnabschnitte zu unterteilen. Du erkennst jederzeit die **Einleitung** und den **Schluss**. Vor dem Schluss liegt der **Höhepunkt** der Erzählung. Dann musst du nur noch überlegen, wie viele **Handlungsschritte** zum Höhepunkt führen.

Info

Dieses Schema kannst du natürlich nicht auf alle Texte übertragen, da sich literarische Güte oft dadurch auszeichnet, dass einfache Schemata durchbrochen werden. Wenn es dir gelingt, die Aufbaumerkmale in deine Textzusammenfassung einzubinden, erhöht sich die Qualität und Klarheit deines Aufsatzes.

Die **Aufbaumerkmale** kannst du mit Sätzanfängen, die leicht zu lernen sind, einbringen:
In der Einleitung wird beschrieben, wie ...
Die Haupthandlung kommt in Gang, als ...
In ... Erzählschritten entwickelt sich die Geschichte zum Höhepunkt ...
Im Höhepunkt ...
Als die Geschichte ihren Höhepunkt erreicht hat ...
Die Erzählung endet, schließt ...
Am Schluss ...

Diese Sätze kann man natürlich je nach Inhalt etwas abwandeln.

Weitere Formulierungen hängen von der jeweiligen Textform ab:
Der Erzählrahmen handelt von ...
In einem Rückblick erzählt die Hauptperson ...
In die Erzählung eingebettet ist eine ausführliche Beschreibung von ...

> Allgemein kannst du die Textzusammenfassung wie einen Bericht über einen Text betrachten. Die Sprache ist daher nüchtern und sachlich, alles Erlebnishafte wird weggelassen. Dies bedeutet, dass alle schildernden, beschreibenden Elemente wegfallen.

Wörter wie „plötzlich" und „auf einmal" sind auf jeden Fall verboten.

Wörtliche Rede darfst du gar nicht verwenden. Allenfalls ist die indirekte Rede erlaubt.
Die Zeitform der Textzusammenfassung ist die Gegenwart, das Präsens. In Verknüpfung mit dem Präsens kannst du für die Vorzeitigkeit auch die vollendete Vergangenheit, das Perfekt, verwenden:
„Nachdem sie den Ofen fertig **gebaut haben**, **bricht** das Gewitter los."
Perfekt **Präsens**

Schließlich kommt es darauf an, die Handlungsfolge zu erfassen. Erinnere dich an die Erzählung. Du hast gelernt, der Reihe nach zu erzählen. Das gilt nun auch für die Textzusammenfassung. Es gilt, die Handlungsschritte der Reihe nach zu erkennen.

Einfache Wörter wie *zunächst, dann, darauf, etwas später, schließlich* helfen dir, die Reihenfolge klar darzustellen.
Logische Verknüpfungen lassen sich leicht durch die adverbialen Nebensätze erfassen. Die adverbialen Nebensätze solltest du im Unterricht besprochen haben. Du erkennst sie an einleitenden Bindewörtern (Konjunktionen) wie *da, als, nachdem, obgleich, weil* etc. Damit stellst du zeitliche (*als, nachdem)* oder logische (*da, obgleich*) Beziehungen innerhalb der Handlungsfolge dar.

Willi Fährmann: Der große Regen

Lesetext

„Ach, was ihr da redet", sagte Opa Strathe. „Das war doch früher alles ganz anders. Keine einzige Maschine gab's, kein Mischwerk, als ich damals auszog. Nicht mal Ringöfen standen überall. 1872 war ich mit Friedrich Bücker bis weit nach Ostpreußen gezogen. Feldbrand mussten wir machen, weil die das mit den Ringöfen noch nicht kannten. Steinchen haben wir gebrannt sage ich euch, Steinchen! Eines wie das andere. Fritz Bücker hatte einen festen Vertrag mit einem Gutsbesitzer gemacht. Anderthalb Millionen Steine sollten wir brennen. Da mussten wir ganz anders ranklotzen als ihr heute."

„Und der Regen, Opa?", fragte Dökemeier. „Wie war das mit dem Regen?"

„Ja, das war im Juli. Das Wetter war herrlich. Wir schufteten Tag für Tag von morgens fünf bis abends neun und hatten ungefähr 'ne Viertelmillion Steine zum Trocknen liegen. ‚Immer noch mehr', sagte Meister Bücker. ‚Immer noch mehr! Das Wetter ist beständig.' ‚Wenn man bloß kein Regen

kommt', dachten wir alle, ‚wenn man bloß kein Regen kommt.' Denn die Steine lagen ja unter freiem Himmel. Für'n leichten Guss hatten wir Strohmatten. Die konnten wir über die frisch geformten Rohlinge legen. Aber ein richtiger Platzregen, der würde unsere Arbeit in ein paar Stunden hinmachen.

Am nächsten Tag sollte der Ofen gebaut werden. Der Hagensetzer Männe Pötters hatte eine riesige Menge hoch aufgestapelt. Schicht für Schicht, schön akkurat die Züge gebaut, Stein auf Stein. Sah aus wie das Fundament vom Turmbau zu Babel.

Dann ging's los, Leute. Ich werde im Mai achtundsiebzig, aber all mein Lebtag habe ich vorher und nachher nichts gesehen wie das, was an dem Nachmittag passiert ist. Ganz schnell zog von Nordwesten über den Waldrand her eine Gewitterwand auf. Du konntest sie wachsen sehen: Pechschwarz und schweflig gelb die Ränder. Junge, wir wurden auf einmal flink, sage ich euch. Die Strohmatten raus und rübergeschleppt zu den Ziegeln. ‚Mehr, mehr!', schrie der Hagensetzer. Er stand oben auf dem Berg und wir warfen ihm die paar Matten zu, die wir hatten. So gut es ging, deckte er alles ab. Aber es ging nicht gut. Er war noch nicht halb fertig, da fielen die ersten Tropfen. Hier und da und dick wie Sommerbirnen. Aber noch schien etwas den vollen Schauer zurückzuhalten.

Inzwischen war der ganze Himmel schwarz und ein fahles Licht lag über der Ziegelei.

Da kam auf einem großen Schimmel Herr von Gathenow geritten und hinter ihm her ein Fuhrwerk von zwei Pferden im Galopp gezogen. Strohmatten und Segeltuch waren auf dem Leiterwagen. Der Fuhrmann brachte den Wagen dicht vor dem aufgeschichteten Material zum Stehen. Der erste Blitz zuckte auf und gleich danach ein Donner wie ein Kanonenschlag. Da zog irgendwas die Schleusentore auf. Soviel Wasser auf einmal habe ich nie vom Himmel fallen sehen. Ein starker, ziemlich böiger Wind fegte über uns hinweg. ‚Abdecken!', schrie Herr von Gathenow und ritt wie ein Verrückter um den Ofen herum. ‚Abdecken!'

Männe Pötters versuchte es wirklich, aber der Wind wehte eine um die andere Matte weg. Sie flogen wie Geistermäntel durch die Luft.

‚Los, mehr Leute rauf!', schrie Herr von Gathenow. Wir standen wie angewurzelt und sahen, wie eine wochenlange Arbeit zu einem gelbbraunen Brei auseinanderfloss.

Da riss von Gathenow seine Flinte von der Schulter. ‚Los!', sagte er. ‚Keine Arbeitsverweigerung auf meinem Grund und Boden!' Er lud durch.

‚Wenn er schießt', sagte der Meister, ‚dann hol' ich ihn vom Pferd. Dann kann er mal probieren, wie Lehm schmeckt!'

Simon Koch, unser kleiner Junge, gerade vierzehn Jahre alt, der kriegt es doch mit der Angst, heult auf und fängt an, auf den Steinstapel zu klettern. Es ist glitschig, aber er schafft es. Männe, der Hagensetzer, rutscht aus. Gerade als der Junge oben ist und sich aufrichtet, fällt er längelang auf den Rücken und gleitet wie auf einer Eisbahn den Lehmhang hinab. Wir sehen schon, dass unsere Arbeit für die Katz' war. Der ganze Berg gerät ins Schwimmen und obendrauf der Junge. ‚Abdecken!', brüllt von Gathenow wie ein Irrer. Aber der Junge ist lahm vor Schreck. Es sieht aus, als ob er langsam wegsackt, in den Lehmhaufen hinein. Da legt der Verrückte doch tatsächlich seine Flinte an. Der Junge dreht ihm den Rücken zu, will endlich runter. ‚Bleib oben, du Feigling', schreit von Gathenow dem Simon zu. Doch der beginnt herunterzuklettern. Von Gathenow hält voll auf ihn drauf und drückt ab. Durch all den Lärm hören wir den Schrei, ganz hell und hoch. Simon war noch nicht einmal im Stimmbruch. Er fällt in den Lehm, droht zu versinken. Doch Männe Pötters wirft das Seil hinauf, das sie auf dem Wagen über die Matten gespannt hatten. Der Junge greift danach. ‚Bind's dir um den Bauch!', schreit Männe.

Der Meister ist inzwischen dicht an von Gathenow herangesprungen, zerrt ihn mit einem Ruck vom Pferd und stößt ihn in den Schlamm. Das Gewehr schleudert er in den Lehmberg. Das Pferd wird wild. Bücker fasst es am Zügel und führt es an den Berg heran. ‚Bindet das Seil am Sattelgurt fest', sagt der Meister zu Männe. Der macht's und dann lässt Bücker das Pferd ganz vorsichtig anziehen. Es war verdammt schwer, den Jungen da rauszukriegen. Denn was der Lehm einmal gepackt hat, das lässt er so leicht nicht wieder los. Es gab ein Geräusch, wie wenn du einen Korken aus der Flasche ziehst. Dann war der Junge frei und wir nahmen ihn unten in Empfang.

‚Mein Arm! Mein Rücken!‘, schrie Simon immer wieder. Wir trugen ihn ins Quartier.

Den Schimmel ließ der Meister einfach losrennen. Von Gathenow kletterte auf den Wagen und fuhr los. Kein Wort sagte er mehr.

Wir wuschen dem Jungen den Lehm vom Leib. Sein Rücken war gespickt mit feinen Schrotkörnern und die meisten saßen im Hintern, alle dicht unter der Haut. Er konnte von Glück reden, dass er sich bei Beginn des Regens seine dicke Jacke übergezogen hatte.

Wir wollten die Bleikugeln schon rausquetschen, da sagte der Meister: ‚Drinlassen! Morgen in aller Frühe bringe ich ihn zum Amtsrichter nach Allenstein. Der soll sich das ansehen, bevor ich mit Simon zum Arzt gehe. Das Biest von Gathenow soll es büßen!‘

Es regnete und regnete und die Tropfen prasselten stundenlang auf das Dach. Simon lag auf dem Bauch im Bett. In der Nacht schrie er immer wieder mal auf und jammerte: ‚Mein Arm, mein Arm!‘, und hatte doch nur Schrotkugeln in der Rückseite sitzen."

(aus: Willi Fährmann: Der Mann im Feuer.
© 1989 Arena Verlag GmbH, Würzburg)

In der folgenden Musterlösung sind alle wichtigen Bestandteile markiert:
Alle Aufbauelemente **schwarz gefettet**
Alle Verknüpfungswörter **blau gefettet**

M

Muster-aufsatz

Inhaltsangabe

Der große Regen	Überschrift
Die Erzählung „Der große Regen" aus Willi Fährmanns Roman „Der Mann im Feuer" zeigt, wie ein heftiges Gewitter die wochenlange Arbeit der Ziegler zerstört und eine unbedachte Reaktion des Gutsbesitzers auslöst, der verzweifelt die Steine retten wollte.	Basissatz: Was? Warum? Wer?
Die Erzählung beginnt damit, dass die Ziegler im Juli eine Viertelmillion Steine zum Trocknen unter freiem Himmel legen. Nur noch ein heftiger Regen kann die Arbeit zerstören. Für einen leichten Guss liegen **aber** Strohmatten bereit.	Strukturierender Einleitungssatz
Nachdem Männe Pötters, der Ofensetzer, eine riesige Menge von Ziegeln zu einem Ofen aufgestapelt hat, zieht **unerwartet** eine Gewitterwand auf.	„Nachdem" leitet einen temporalen Nebensatz ein, der zur Haupthandlung vorzeitig ist.
Die Haupthandlung beginnt damit, dass die Ziegler Strohmatten holen und versuchen, die Ziegel abzudecken.	Strukturierender Satzteil
Als die ersten Tropfen fallen, kommt der Gutsbesitzer von Gathenow mit einem Fuhrwerk, beladen mit Strohmatten und Segeltuch, angeritten.	„Als" leitet ebenfalls einen temporalen Nebensatz ein.
Dann bricht das Gewitter aus und weht die Matten weg.	„Dann" markiert die Reihenfolge der Handlung.
Da niemand es wagt, auf den Ziegelhaufen zu steigen, **um** die Ziegel abzudecken, versucht Gathenow die Ziegler mit Waffengewalt zu zwingen. Der Meister droht **jedoch**, wenn Gathenow schießt, sich an ihm zu rächen und ihn vom Pferde zu ziehen.	„Da" leitet einen kausalen Nebensatz ein = Handlungslogik; „um" einen finalen Nebensatz = Ziel, Zweck; „jedoch" als Adverb schränkt ein

Die Erzählung erreicht ihren Höhepunkt, **als** der vierzehnjährige Simon Koch **dann doch** auf den Steinstapel klettert.	Strukturierender Satzteil „als" = temporal; „dann doch"= Reihenfolge
Obgleich der Junge ausrutscht und im zerfließenden Lehm zu versinken droht, brüllt Gathenow den Jungen an, **dass** er weiter die Ziegel abdecken solle.	„obgleich" ist einräumend (konzessiv); „dass" Objektsatz (indirekte Rede)
Als der Junge **aber** heruntersteigen möchte, legt er seine Flinte an und schießt ihm mit Schrotkugeln in den Rücken.	„als" wieder temporal; „aber" einschränkend.
Um den Jungen zu retten, wirft Männe ihm ein Seil zu, das Simon sich um den Bauch binden soll. **Währendessen** zieht der Meister Gathenow vom Pferd.	„um" wiederum final; „währenddessen" = Adverb für eine gleichzeitige Handlung
Schließlich nimmt ein anderer Ziegler die Zügel des Pferdes, bindet das Seil am Sattelgurt fest und zieht den Jungen heraus.	„schließlich" markiert die Reihenfolge
Die Geschichte endet damit, dass Gathenow wortlos nach Hause geht und die Ziegler sich um den verletzten Jungen kümmern, dessen Rücken mit Schrotkörnern gespickt ist.	Strukturierender Teilsatz
Der Meister befiehlt **jedoch** die Bleikugeln in der Haut des Jungen zu lassen, **denn** er will am nächsten Tag die Verletzung dem Amtsrichter zeigen.	„jedoch" ist einschränkend; „denn" ist kausal, begründend

Textzusammenfassung: 330 Wörter
Originaltext (ohne Vorspann): 950 Wörter

Als Faustregel gilt, dass es möglich ist, einen Text etwa auf ein Drittel zu kürzen, ohne den Sinn zu verstellen. Durch die Überleitungssätze kommen zwar wieder ein paar Bemerkungen hinzu, doch sie dienen der Darstellung des Aufbaus und der gedanklichen Klarheit.

Jürgen Hein: Waffelkekse schmecken lecker

Lesetext

Sicher, man könnte als Mutprobe auch Regenwürmer verspeisen oder des Nachts über den Friedhof laufen. Aber in meinem Fall wurde eine andere Art verlangt, meinen Mut zu beweisen. Hatte ich Erfolg, dann durfte ich der Clique angehören, einer eingeschworenen Gruppe von Jungs, die gemeinsam nicht nur die Schul-, sondern auch ihre Freizeit verbrachten. Ich musste etwas stehlen, verlangten sie. Nur, was ich als Beute vorlegen sollte, war nicht vorgegeben.
Ein großes Lebensmittelgeschäft bot für diesen gewissenlosen Kraftakt Raum und Gelegenheit.
Mit leicht zitternden Knien und ein wenig Schweiß auf der Stirn ging ich hinein. Mein Blick schweifte durch die Regale und blieb bei einer Ansammlung von Waffelkeksen hängen. Waffelkekse schmecken lecker, das wusste ich aus Erfahrung, haben doch bereits zahlreiche Packungen dieses wohlschmeckenden Gebäcks in mir einen treuen Abnehmer gefunden.
Also was bot sich mehr an, als ein Paket mit diesen Leckereien unerlaubt an mich zu nehmen und an der Kassenfrau vorbei zu mogeln.
Aber leider hatte ich die Rechnung ohne den fetten Filialleiter gemacht, der mit seiner dicken Hornbrille adleräugig mein unrechtes Treiben erspähte. Wie ein Geier auf sein Opfer stürzte sich der Raubvogel auf mich kleines Geschöpf und zerrte mich an den Armen in sein Büro.
Wie von einem Kriminellen wurden von mir Namen und Anschrift sowie die Telefonnummer meiner Eltern abverlangt. Auf Fingerabdrücke verzichtete der Hobbypolizist, wohl weil sich ein normales Stempelkissen und eine Kassenrolle nicht gut dafür eigneten.
Ein kurzes Telefonat mit meiner „Heimat" brachte die Ernüchterung. Eigentlich hatte ich meine liebe Mama erwartet, die mich aus den Fängen dieses bösartigen Getiers befreit und diese kleinkriminelle Straftat mit mindestens zwei Wochen Stubenarrest bestraft, und die Sache wäre wieder aus der Welt gewesen.
Aber leider kam alles ein wenig anders. Statt der heißgeliebten Mama schob sich der runde Körper meines zwar ebenso geliebten Papas durch die Bürotür – bei seinem Anblick wusste ich aber, dass ich das Spiel zweistellig auf eigenem Platz verloren hatte. Mit zwei Wochen Stubenarrest würde es bei ihm nicht getan sein.
Nach einer etwa zehnminütigen Verhandlung zwischen meinen Paps und dem Raubvogel durfte ich unter strenger väterlicher Bewachung den Konsumtempel verlassen. Draußen standen meine Kumpel, die vom Schiefge-

hen der Klau-Aktion natürlich nichts wussten. Ich ging an ihnen vorbei, ohne sie anzuschauen.
Zu Hause erwarteten mich zu meinem Erstaunen weder eine Moralpredigt noch irgendeine Androhung einer Strafe. Dabei hatte ich mit allem gerechnet, von Haft bis in die Steinzeit bis hin zur Zwangsarbeit. Aber von alledem kam nichts.
Nachdem ich den ersten Schock überwunden hatte, machte sich mein Magen bemerkbar, der ja nun leider um den Genuss der köstlichen Waffeln gebracht worden war. Wie gut, dass es gleich Abendbrot gibt, dachte ich und freute mich darauf, mir den Bauch vollzuschlagen.
Ein gut gedeckter Tisch versprach einiges an kulinarischen Hochgenüssen. Aber was war das? Während meine Eltern sich Brot und Wurst zu Leibe führten, prangte auf meinem Teller ein Päckchen der am Nachmittag so begehrten Waffeln.
Ich traute mich nicht, etwas gegen diese ungewöhnliche Abendverköstigung zu sagen, sondern verspeiste diese mehr oder weniger nahrhafte Süßigkeit ohne Widerrede mit einer Tasse Pfefferminztee und zog es vor, gleich zu Bett zu gehen.

Die leckeren Waffeln

Zeichnung: Peter Thulke

Als mich am Morgen der Wecker aus meinen Träumen riss, schritt ich voller Tatendrang in die Küche, wo mir Mama normalerweise allmorgendlich ein Frühstück bereitet. Doch – ich traute meine Augen nicht. Statt Wurstbrot und Kakao stand dem morgendlichen Hunger nur ein Päckchen der besagten Waffelkekse zur Verfügung. Das ließ mich meinen ohnehin schon etwas geschwächten Körper noch schlapper anfühlen. Hei, was wird das für eine schöner Schultag, dachte ich und begab mich in den Bildungsschuppen.
Sicher, ich hätte mir einige Sesterzen aus meinem geliebten Sparschwein leihen können, aber das hatten meine vorsichtigen Eltern vorsorglich in Obhut genommen.
In der ersten großen Pause – mein Magen hing nunmehr tiefer als die Schuhsohlen – freute ich mich auf mein Pausenbrot. Aber, wer hätte es gedacht, auch hier war die Ernüchterung groß. Statt Schulbrot holte ich aus meiner Brotdose die wohlbekannten Waffeln, die ich mittlerweile nicht mehr so lecker fand. Meine Klassenkameraden sahen dies aber ganz anders und baten mich, ihnen doch etwas von meinen Süßigkeiten abzugeben. Sicher, ich hätte tauschen können, aber die netten Schulfreunde hatten ihr Tageskontingent an Futter bereits verspeist. Mein Hunger war nun so groß, dass mir fast schlecht wurde.
Nach einem mehr als anstrengenden Schultag schleppte ich mich nach Hause, in der Hoffnung auf feste Nahrung. Dabei war es mir mittlerweile auch völlig egal, was der heimische Herd hergab. Ja, es hätte in diesem kritischen Fall auch ein Teller mit den fetten Saubohnen sein können, die für meinen Vater eine Delikatesse waren und bei denen sich mir normalerweise allein vom Anschauen der Magen bog und mir speiübel wurde. Obwohl ich sonst lieber einen Sack Hobelspäne verspeist hätte, heute wären mir sogar Saubohnen willkommen gewesen.
Aber alles Hoffen und Flehen half nichts, der Teller blieb leer. Bis auf die vermaledeiten Waffelkekse.
Auch am Abend sah die Situation nicht besser aus. Lediglich etwas Grießbrei, der ebenfalls nicht gerade zu meinen Lieblingsspeisen zählte, durfte ich mir einverleiben, um nicht gänzlich zusammenzuklappen. Ich fühlte mich elend und meine Stimmung war auf dem Tiefpunkt.
Diese Prozedur zog mein geliebter Vater fast eine Woche lang durch: Waffelkekse zum Frühstück, für die Schule und zum Mittagessen, abends ein paar Löffelchen Brei. Hätte ich nicht, etwas schlauer geworden, die Kekse in der Schule gegen vernünftige Nahrung getauscht, ich wäre wohl ganz und gar verhungert. Trotzdem war ich verzweifelt – sollte ich denn zu Hause nie mehr etwas Anständiges zu Essen bekommen, nur wegen dieser blödsinnigen Mutprobe? Weil die schief gelaufen war, hatte mich die Clique nicht

aufgenommen. Aber da wollte ich inzwischen gar nicht mehr dazugehören – so ein Schwachsinn, von jemandem zu verlangen, dass er etwas klaut. Ich fand die vorher von mir verehrten Jungs jetzt reichlich blöd. Alles war so ungerecht und ich hätte mich am liebsten selbst geohrfeigt wegen meiner Dummheit. Im Grunde war mir zum Heulen zumute, aber was sollte ich machen?
Am fünften Tag endlich bereitete meine Mama dem Spuk ein Ende. Mit einem durchaus noch akzeptablen Körpergewicht von 38,5 Kilo (vor der Hungerkur waren es immerhin 42 Kilo Lebendgewicht) musste ich mich erst wieder an feste Nahrung gewöhnen. Meine Mutter kochte mir mein Lieblingsessen: in Butter gebratenes Kotelett mit Mohrrübengemüse und Kartoffeln. Als ich das Essen auf dem Abendbrottisch stehen sah, hüpfte mein Herz vor Freude und mir lief sofort das Wasser im Munde zusammen. Und wie das duftete! Ganz, ganz langsam aß ich alles auf, kaute jeden Bissen ganz gründlich. Es war das beste Essen in meinem ganzen Leben, und ich war wieder versöhnt mit der Welt. Freundlich fragte mein Vater nach dem Essen: „Na, mein lieber Sohn, wie wäre es nach diesem umfangreichen und köstlichen Mahl mit ein paar leckeren Waffelkeksen?“ Aber sein Stachel traf mich nicht mehr, ich war satt! Das erste Mal nach fünf Tagen. „Ach lieber Papa“, antwortete ich, „lass nur, ich bin bis obenhin vollgefressen und bekommen keinen Bissen mehr runter.“ „So?“, sagte mein Papa, „ich dachte du magst Waffelkekse, ich dachte, du freust dich darüber.“ Aber von Freude war da bei mir nichts zu spüren. Eher die leise Vermutung, dass er mit seinen kuriosen, aber einprägsamen Erziehungsmaßnahmen Erfolg verspürte.
Erst später dachte ich darüber nach, was er wohl gemacht hätte, wenn ich eine Flasche Wein stibitzt hätte.

Inhaltsangabe mit Basissatz

Nun sind die Wörter, die den Fortgang der Handlung beschreiben, markiert und in der rechten Spalte findest du die Gliederung der Erzählung.

Musteraufsatz

Sicher, man könnte als Mutprobe auch Regenwürmer verspeisen oder des Nachts über den Friedhof laufen. Aber in meinem Fall wurde eine andere Art verlangt, meinen Mut zu beweisen. Hatte ich Erfolg, dann durfte ich der **Clique angehören**, einer eingeschworenen	A. Einleitung: Die Mutprobe Ladendiebstahl - Aufnahmebedingung für die Clique

Gruppe von Jungs, die gemeinsam nicht nur die Schul-, sondern auch ihre Freizeit verbrachten. Ich musste **etwas stehlen**, verlangten sie. Nur, was ich als Beute vorlegen sollte, war nicht vorgegeben.
Ein großes **Lebensmittelgeschäft** bot für diesen gewissenlosen Kraftakt Raum und Gelegenheit.

B.
Beginn der Haupthandlung
I. Diebstahl von Waffelkeksen

Mit leicht zitternden Knien und ein wenig Schweiß auf der Stirn ging ich hinein. Mein Blick schweifte durch die Regale und blieb bei einer Ansammlung von **Waffelkeksen** hängen. Waffelkekse schmecken lecker, das wusste ich aus Erfahrung, haben doch bereits zahlreiche Packungen dieses wohlschmeckenden Gebäcks in mir einen treuen Abnehmer gefunden.
Also was bot sich mehr an, als ein Paket mit diesen Leckereien unerlaubt an mich zu nehmen und an der Kassenfrau vorbei zu mogeln.

1. Diebstahl misslingt, vom Filialleiter erwischt

Aber leider hatte ich die Rechnung ohne den fetten **Filialleiter** gemacht, der mit seiner dicken Hornbrille adleräugig mein unrechtes Treiben erspähte. Wie ein Geier auf sein Opfer **stürzte sich** der Raubvogel **auf mich** kleines Geschöpf und zerrte mich an den Armen in sein Büro.

2. Aufnahme der Personalien

Wie von einem Kriminellen wurden von mir Namen und Anschrift sowie die **Telefonnummer meiner Eltern** abverlangt. Auf Fingerabdrücke verzichtete der Hobbypolizist, wohl weil sich ein normales Stempelkissen und eine Kassenrolle nicht gut dafür eigneten.

3. Angst vor Strafe Vater kommt

Ein kurzes Telefonat mit meiner „Heimat" brachte die Ernüchterung. Eigentlich hatte ich meine liebe Mama erwartet, die mich aus den Fängen dieses bösartigen Getiers befreit und diese kleinkriminelle Straftat mit mindestens zwei Wochen Stubenarrest bestraft, und die Sache wäre wieder aus der Welt gewesen.

Aber leider kam alles ein wenig anders. Statt der heißgeliebten Mama schob sich der runde Körper meines zwar ebenso geliebten **Papas** durch die Bürotür – bei seinem Anblick wusste ich aber, dass ich das Spiel zweistellig auf eigenem Platz verloren hatte. Mit zwei Wochen Stubenarrest würde es bei ihm nicht getan sein.

4. Verlassen des Ladens mit dem Vater

Nach einer etwa **zehnminütigen Verhandlung** zwischen meinen Paps und dem Raubvogel **durfte ich** unter strenger väterlicher Bewachung den Konsumtempel **verlassen**. Draußen standen meine Kumpel, die vom Schiefgehen der Klau-Aktion natürlich nichts wussten. Ich ging an ihnen vorbei, ohne sie anzuschauen.

II. Reaktion zu Hause

1. Unerwartete Reaktion der Eltern – keine Strafe

Zu Hause erwarteten mich zu meinem Erstaunen **weder eine Moralpredigt noch** irgendeine Androhung einer **Strafe**. Dabei hatte ich mit allem gerechnet, von Haft bis in die Steinzeit bis hin zur Zwangsarbeit. Aber von alledem kam nichts.

2. Das Abendessen: Waffeln als einzige Speise

Nachdem ich den ersten Schock überwunden hatte, machte sich mein Magen bemerkbar, der ja nun leider um den Genuss der köstlichen Waffeln gebracht worden war. Wie gut, dass es gleich **Abendbrot** gibt, dachte ich und freute mich darauf, mir den Bauch vollzuschlagen. Ein gut gedeckter Tisch versprach einiges an kulinarischen Hochgenüssen. Aber was war das? Während meine Eltern sich Brot und Wurst zu Leibe führten, prangte auf meinem Teller ein Päckchen der am Nachmittag so begehrten Waffeln.

Ich traute mich nicht, etwas gegen diese ungewöhnliche Abendverköstigung zu sagen, sondern verspeiste diese mehr oder weniger nahrhafte Süßigkeit ohne Widerrede mit einer Tasse Pfefferminztee und zog es vor, gleich zu Bett zu gehen.

Als mich **am Morgen** der Wecker aus meinen Träumen riss, schritt ich voller Tatendrang in die Küche, wo mir Mama normalerweise allmorgendlich ein Frühstück bereitet. Doch – ich traute meine Augen nicht. Statt Wurstbrot und Kakao stand dem morgendlichen Hunger nur ein Päckchen der besagten **Waffelkekse** zur Verfügung. Das ließ mich meinen ohnehin schon etwas geschwächten Körper noch schlapper anfühlen. Hei, was wird das für ein schöner Schultag, dachte ich und begab mich in den Bildungsschuppen.

3. Waffelkekse auch am nächsten Morgen zum Frühstück

Sicher, ich hätte mir einige Sesterzen aus meinem geliebtn Sparschwein leihen können, aber das hatten meine vorsichtigen Eltern vorsorglich in Obhut genommen.

In der ersten großen Pause – mein Magen hing nunmehr tiefer als die Schuhsohlen – freute ich mich auf mein Pausenbrot. Aber, wer hätte es gedacht, auch hier war die Ernüchterung groß. **Statt Schulbrot** holte ich aus meiner Brotdose die wohlbekannten **Waffeln**, die ich mittlerweile **nicht mehr so lecker** fand. Meine Klassenkameraden sahen dies aber ganz anders und baten mich, ihnen doch etwas von meinen Süßigkeiten abzugeben. Sicher, ich hätte tauschen können, aber die netten Schulfreunde hatten ihr Tageskontingent an Futter bereits verspeist. Mein Hunger war nun so groß, dass mir fast schlecht wurde.

4. Waffelkekse als Pausenbrot zunehmende Abneigung

Nach einem mehr als anstrengenden Schultag schleppte ich mich nach Hause, in der Hoffnung auf feste Nahrung. Dabei war es mir mittlerweile auch völlig egal, was der heimische Herd hergab. Ja, es hätte in diesem kritischen Fall auch ein Teller mit den fetten **Saubohnen** sein können, die für meinen Vater eine Delikatesse waren und bei denen sich mir normalerweise allein vom Anschauen der Magen bog und mir

5. Bereitschaft, auch ungeliebte Speisen wie Saubohnen zu essen, doch auch mittags nur Kekse

speiübel wurde. Obwohl ich sonst lieber einen Sack Hobelspäne verspeist hätte, heute wären mir sogar Saubohnen willkommen gewesen.
Aber alles Hoffen und Flehen half nichts, der **Teller** blieb **leer**. Bis auf die vermaledeiten Waffelkekse.
Auch am **Abend** sah die Situation nicht besser aus. Lediglich etwas **Grießbrei**, der ebenfalls nicht gerade zu meinen Lieblingsspeisen zählte, durfte ich mir einverleiben, um nicht gänzlich zusammenzuklappen. Ich **fühlte mich elend** und meine Stimmung war auf dem Tiefpunkt.

6. Abendessen: Waffelkekse mit Grießbrei – Stimmung sehr schlecht

Diese **Prozedur** zog mein geliebter Vater **fast eine Woche lang** durch: Waffelkekse zum Frühstück, für die Schule und zum Mittagessen, abends ein paar Löffelchen Brei. Hätte ich nicht, etwas schlauer geworden, die Kekse in der Schule gegen vernünftige Nahrung getauscht, ich wäre wohl ganz und gar verhungert. Trotzdem war ich **verzweifelt** – sollte ich denn zu Hause nie mehr etwas Anständiges zu Essen bekommen, nur wegen dieser blödsinnigen Mutprobe? Weil die schief gelaufen war, hatte mich die Clique nicht aufgenommen. Aber da wollte ich inzwischen gar nicht mehr dazugehören – so ein **Schwachsinn**, **von jemandem zu verlangen, dass er etwas klaut**. Ich fand die vorher von mir verehrten Jungs jetzt reichlich blöd. Alles war so ungerecht und ich hätte mich am liebsten selbst geohrfeigt wegen meiner Dummheit. Im Grunde war mir zum Heulen zumute, aber was sollte ich machen?

III. Weiterer Verlauf der Strafaktion: Fast eine Woche lang nur Waffelkekse Verzweiflung, aber auch Erkenntnis, wie blödsinnig die Mutprobe seiner Freunde war. Innere Distanz zur Clique

Am fünften Tag endlich bereitete meine Mama dem Spuk ein Ende. Mit einem durchaus noch akzeptablen Körpergewicht von 38,5 Kilo (vor der Hungerkur waren es immerhin 42 Kilo Lebendgewicht) musste ich mich erst wieder an feste Nahrung gewöhnen. Meine Mutter kochte mir mein **Lieblingsessen**: in Butter gebratenes

IV. Höhepunkt: Ende der elterlichen Strafaktion

1. Lieblingsessen

Kotelett mit Mohrrübengemüse und Kartoffeln. Als ich das Essen auf dem Abendbrottisch stehen sah, hüpfte mein Herz vor Freude und mir lief sofort das Wasser im Munde zusammen. Und wie das duftete! Ganz, ganz langsam aß ich alles auf, kaute jeden Bissen ganz gründlich. Es war das beste Essen in meinem ganzen Leben und ich war wieder versöhnt mit der Welt.

2. Vater überprüft seinen Erziehungserfolg

Freundlich fragte mein Vater nach dem Essen: „Na, mein lieber Sohn, wie wäre es nach diesem umfangreichen und köstlichen Mahl mit ein paar leckeren Waffelkeksen?" Aber sein Stachel traf mich nicht mehr, ich war satt! Das erste Mal nach fünf Tagen. „Ach lieber Papa", antwortete ich, „lass nur, ich bin bis obenhin vollgefressen und bekommen keinen Bissen mehr runter." „So?", sagte mein **Papa**, **„ich dachte, du magst Waffelkekse**, ich dachte, du freust dich darüber." Aber von Freude war da bei mir nichts zu spüren. Eher die leise Vermutung, dass er mit seinen kuriosen, aber einprägsamen Erziehungsmaßnahmen Erfolg verspürte.

C. Pointierter Schlussgedanke

Erst später dachte ich darüber nach, was er wohl gemacht hätte, wenn ich eine **Flasche Wein** stibitzt hätte.

Diese Erzählung ist sprachlich reich ausgeschmückt. Die Inhaltsangabe lässt alle Ausgestaltungen weg oder kürzt sie auf ein Mindestmaß. Schließlich zeigt sich eine klare zeitliche Struktur, die der Zusammenfassung von Anfang an eine klare Ordnung vorgibt. Die Inhaltsangabe ist deshalb überraschend kurz.

Inhaltsangabe mit Basissatz

Basissatz: Autor, Titel der Geschichte, Kern der Aussage

Musteraufsatz

In Jürgen Heins Erzählung „Waffelkekse schmecken lecker" geht es um eine ungewöhnliche Erziehungsmaßnahme, die einen Jungen zur Erkenntnis führt, dass Diebstahl als Mutprobe zur Aufnahme in eine Clique eine Dummheit ist.

Einleitend erzählt der Autor von einem Jungen, der als Mutprobe einen Ladendiebstahl begehen soll, um in einer Bande Gleichaltriger aufgenommen zu werden.

Es ist gut, aber nicht zwingend nötig, die Struktur des Textes mit zu erfassen.

Die Haupthandlung kommt in Gang, als er vor einem Lebensmittelgeschäft steht und den Entschluss fasst, Waffelkekse zu stehlen. Der Junge wird **jedoch** vom Filialleiter auf frischer Tat ertappt und muss in dessen Büro seine Personalien angeben. Seine Eltern werden **daraufhin** vom Filialleiter über die Straftat informiert.

Adverbien und Konjunktionen verdeutlichen die gedankliche Ordnung.

Während der Junge sich alle denkbaren Strafen ausmalt, **kommt** sein Vater in den Laden. **Nach** einer kurzen Verhandlung kann der Vater mit seinem Sohn den Laden verlassen.

Die gleiche Aufgabe hat der temporale Nebensatz.

Es folgt die häusliche Strafaktion, die aber nicht den Erwartungen des Jungen entspricht, denn es gibt keine Ermahnung.

Beim Abendessen erhält er als einzige Speise die Waffeln, die er stehlen wollte. Auch **am nächsten Morgen** gibt es diese Waffelkekse zum Frühstück. Als er die Waffelkekse auch noch in seiner Pausenbrotdose findet, verspürt der Junge eine gewisse Abneigung gegen seine einstige Lieblingsspeise.

Der weitere Verlauf der Erzählung wird hauptsächlich durch die klaren Zeitangaben strukturiert, die auch im Text vorgegeben sind.

Er ist **mittlerweile** bereit, alles zu essen und seien es die ungeliebten Saubohnen, doch auch **mittags** bekommt er wieder nur die Kekse. Als er **abends** die Kekse dann mit etwas Grießbrei essen darf, ist seine Stimmung sehr schlecht.

Schließlich muss er **fast eine Woche lang** die Kekse als einzige Speise zu sich nehmen. Sein Hunger und seine Verzweiflung führen ihn aber immerhin zur der Erkenntnis, wie blödsinnig die Mutprobe seiner Freunde war, auch erscheinen ihm die Freunde nicht mehr so großartig wie zuvor.

Dies ist die einzige Stelle, die herausfordert. Die Gedanken lassen sich nur erfassen, wenn man sich deutlich vom Text löst.

Die Erzählung erreicht ihren Höhepunkt, als der Vater den Erfolg seiner Aktion überprüft. Nachdem der Junge sein Lieblingsessen verspeist hat, nämlich ein Kotelett, das ihm seine Mutter zubereitet hat, fragt ihn der Vater, ob er denn noch Kekse möge. Der Appetit darauf ist dem Jungen aber gründlich vergangen.
Die Erzählung endet mit einer kleinen Pointe, denn der Junge fragt sich, wie die Reaktion des Vaters gewesen wäre, wenn er eine Flasche Wein gestohlen hätte.

Zwei strukturierende Wendungen schließen die Inhaltsangabe ab.

Ohne Basissatz enthält die Textzusammenfassung 312 Wörter. Der Ausgangstext hatte 1209 Wörter.

5.2 Inhaltsangabe nichtfiktionaler Texte

In der Unterstufe kommt die Zusammenfassung von Sachtexten (nichtfiktionalen Texten) auch im Deutschtest vor. Die Textauswahl begrenzt sich auf einfache Reportagen, die in der Regel eine klare Handlungslinie besitzen. Wir unterscheiden im Folgenden nicht zwischen Textzusammenfassung und Inhaltsangabe, sondern sprechen ausschließlich über die Inhaltsangabe. Die Inhaltsangabe fordert im Gegensatz zur Textzusammenfassung einen informierenden Vorspann, den **Basissatz**.
Wenn du mit dem Basissatz arbeitest, dann machst du dir zunächst darüber Gedanken, worum es in dem Text eigentlich geht.

Info

Den Basissatz findest du mit folgenden Suchfragen heraus:
Worum geht es in dem Text inhaltlich?
Wer hat den Text verfasst?
Wie lautet die Überschrift?
Um welche Textsorte handelt es sich?
Um diese Fragen zu beantworten, liest du zunächst den Text sorgfältig durch.

Erwin Lipsky: Eine Bratwurst ist keine Kulturschande

Lesetext

Bauernhofmuseum Kleinlosnitz bei Zell: 7. Oberfränkische Mundart-Theatertage

Das Brot ersäuft regelrecht. Die viel zu kleinen, nicht ausgereiften Körner faulen am Halm. Aus den fruchtlosen Ackerfurchen starrt eine gnadenlose Fratze: Der Hungertod kommt euch besuchen. Nun betet. Nur der Herrgott kann noch helfen. 1816 trifft Oberfranken eine katastrophale Missernte. Viel zu viel Regen bringt das Jahr. Viel zu viel Kälte. Und noch mehr Angst und Verzweiflung.
Und das Unglück auf dem Hof hört nicht auf. Die verfluchte Lust. Im Stall ist es passiert. Als alle anderen Hofbewohner beim Sonntagsgottesdienst waren. Einen Krug Bier haben sie miteinander getrunken. Dabei verzweifelt fröhlich gelacht, geneckt und geschmeichelt. Sich die ganze Aussichtslosigkeit zärtlich weggeküsst. Sich das ganze Elend für ein paar Minuten wild aus dem Bewusstsein gestreichelt. Und schließlich hat der Jungbauer mit der Magd das getan, worüber nicht gesprochen wird. Das, wozu viele Bauern in diesen Zeiten ein Recht zu haben glauben. In ihren Augen sind Mägde dazu da. Und hinterher wird geschwiegen. Totgeschwiegen.
Jetzt ist die junge Frau schwanger. Und damit ist sie stigmatisiert. Eine Hure. Ohne Mann, ohne Ehre, ohne Zukunft. Sie weiß, was ihr bleibt: der Gang ins Wasser. Es ist für alle das Beste. Für sie selbst, für den Jungbauern, seine Familie, das Dorf.
Selbst wenn der Hoferbe wollte: Er kann sie nicht heiraten. Die Standesunterschiede sind unüberbrückbar. Die Schande wäre zu groß. In diesen bösen Jahren, 1816/17, schwappt eine Auswanderungswelle über das Land. Viele Franken sehen nur eine Zukunft: Amerika. Ein Land, über das damals fantastische Geschichten kursieren. Von grenzenloser Freiheit und eigener Scholle. Von sagenhaft fruchtbaren Böden und ertragreichem Klima. Von Milch und Honig. Auch der Jungbauer und die schwangere Magd finden schließlich diese Lösung. Suchen Brot und ein neues Leben mit anderen sozialen Voraussetzungen in den Vereinigten Staaten. Und als sie den Kleinlosnitzer „Dietelhof" endgültig und schweigend durch das knarrende Hoftor verlassen, ist es einen Augenblick lang merkwürdig still.
Es ist, als ob der museale oberfränkische Fachwerkbauernhof, der gerade die authentische Kulisse zu dieser Szene beim oberfränkischen Mundart-Theatertag bildet, an seine Vergangenheit erinnert wurde. Und es ist, als ob der mächtige Hof in diesem Knarren gequält aufstöhnt.

Der „Dietelhof" im Bauernhofmuseum Kleinlosnitz Foto: Eckehart Weiß

In diesem Augenblick, als die beiden Laiendarsteller so ergreifend einfach und still abgehen, spürt jeder in der dicht gestaffelten Zuschauertraube, was Mundarttheater sein kann. Wie echt Dialekt auf der Bühne wirken kann. Wie nah er uns ein Bühnengeschehen bringen kann. Und wir verstehen, dass Mundart zu mehr taugt als zu halbwegs lustigen Schwänken.
Dieses Verständnis zu wecken ist Sinn und ist Anspruch der „Oberfränkischen Mundart-Theatertage".
Dialekt zu sprechen war lange Zeit verpönt. Vom späten 19. Jahrhundert, als das Bildungsbürgertum die gesellschaftlichen Wertmaßstäbe bestimmte, bis in die 1970er-Jahre hinein, saß man einem grundsätzlichen Irrtum auf: Man hielt Mundarten für vulgär, für eine fehlerhafte Sprache der Unterschicht. Sah im Dialekt ein verbales Fehlverhalten, das auszurotten war.
Inzwischen setzen sich differenziertere Sichtweisen durch. Mundarten gelten heute als vollwertige Sprachen, die ein komplettes Sprachsystem aufweisen. Das freilich in Wörtern und grammatikalischen Regelmäßigkeiten von der Hochsprache zum Teil erheblich abweicht. In sich aber geschlossen und deshalb nicht weniger richtig als die Hochsprache ist.

Dabei verfügt jeder Sprecher einer ländlichen Grundmundart über mehrere sprachliche Varianten, die sich je nach Gesprächspartner und Ge-

sprächssituation abstufen lassen. Und noch eine Erkenntnis hat sich durchgesetzt: Wenn du jemandem seinen Dialekt „austreibst", nimmst du ihm ein Stück Ausdrucksmöglichkeit, ein Stück Persönlichkeit, ein Stück Seele. Diesen Einsichten trug man in den letzten Jahrzehnten Rechnung. Nicht nur, dass ländliche Mundarttheatergruppen immer mehr Zulauf bekamen, Mundartautoren bis in die Literaturspitze hinein salonfähig wurden, Gesangsgruppen sich wieder zunehmend Dialektliedern widmeten. Es formierten sich – auch mit Unterstützung von staatlichen Stellen – Verbände und Arbeitsgemeinschaften, die sogar eine bewusste Förderung des Mundartsprechens betreiben. Der Pegnitzer Lehrer Walter Tausendpfund ist oberfränkischer Regionalbeauftragter der „Arbeitsgemeinschaft Mundart-Theater-Franken e.V.".
Von ihm stammt die eingangs beschriebene Theater-Szene. Er ist Mundartautor. Und er organisiert jedes Jahr den „Oberfränkischen Mundart-Theatertag". Ein wunderbares Forum für die Laienspieler. Und vor allem nicht nur Fachtagung für Mundart-Interessierte. Sondern eine feine Veranstaltung für jedermann.
Schon von weitem hört man Lachen aus der Scheune des Kleinlosnitzer Bauernhofmuseums. Im Innern herrscht die trauliche Atmosphäre des Einfachen. Die Aura vergangener bäuerlicher Existenzen. Vermischt mit dem spannenden Dunstkreis, den Bühnenschaffende um sich tragen. Podium, Scheinwerfer, Requisiten, emotionales Knistern.
Sieben Theatergruppen und sechs Mundartautoren aus ganz Oberfranken sind über den Tag verteilt zu hören. Pegnitz, Forchheim, Kulmbach. Wo Mitwirkende und Publikum herkommen, verraten ihre Autokennzeichen. Und die Kulisse tut Wirkung auf die Auswärtigen. Eine ältere Dame mit Bamberger Zungenschlag kann sich kaum fassen: „Also des is ja herrlich", bestaunt sie den Dietelhof mehrmals fassungslos. Zupft hartnäckig eine jugendliche Verwandte immer wieder verschwörerisch am Ärmel und drängt: „Geh amal nei – des is wie früher."

Mundarttheater erreicht auch Menschen, die nicht ins große, professionelle Theater gehen. Womöglich spielen dabei fehlende Schwellenängste eine Rolle. Wenn man sich wie hier jederzeit die Füße vertreten kann, jederzeit seinen Topf Kaffee holen darf, ist der durchschnittliche Kulturkonsument wohl leichter bereit, Freizeit in einem kulturellen Symposium zu verbringen. Während eines Theaterstückes eine Bratwurst zu essen ist hier eben keine Kulturschande.

Und wenn man jederzeit kommen und gehen darf ohne Angst haben zu müssen, die bösen Blicke gestörter Kulturbeflissener auf sich zu ziehen, ist mancher eben auch eher bereit, sich auf etwas Unbekanntes einzulassen.
Zwischen den Theaterstücken gibt es immer wieder Musik. Dieses Jahr sorgen die Gruppe „Ilbaris" und die „Geschwister Einsiedel" aus Langenbach im Frankenwald für Auflockerung. Die drei Schwestern singen zur Gitarrenbegleitung mit kräftigen, klaren Stimmen Mundart- und Küchenlieder. Eines ihrer Lieder heißt: „Meine Schwester ist ein Bes'n, wie das alle Schwestern sind." Diese Aussage lässt sich ohne weiteres auch auf das Geschehen beim Theatertag münzen. Denn auch Mundart und Volksmusik sind Schwestern. Sie entstammen dem gleichen Elternhaus: Sie sind Kinder einer lebendigen Volkskultur.
Und wie Schwestern treten Mundart und Volksmusik natürlich auch in Konkurrenz zueinander. Buhlen um Aufmerksamkeit. Eifern um die Gunst des Publikums. Brauchen sich aber auch gegenseitig. Und sind im besten Falle sogar mehr als Geschwister. Sind wie Zwillinge: unzertrennlich.

Erwin Lipsky, Volksmusikpfleger für den Bezirk Oberfranken

Worum geht es in dem Text inhaltlich? Oberfränkische Mundart-Theatertage
Wer hat den Text verfasst? Erwin Lipsky, Volkmusikpfleger für den Bezirk Oberfranken
Wie lautet die Überschrift? Eine Bratwurst ist keine Kulturschande
Wann spielt die Handlung? Bei den 7. Theatertagen
Wo findet das Ereignis statt? Im Bauernhofmuseum Kleinlosnitz
Warum? Pflege der Mundart und der Mundartdichtung
Um welche Textsorte handelt es sich? Reportage

Aufgabe

Aus den Antworten kannst du in freier Reihenfolge den Basissatz zusammenfügen.

Der Basissatz

Musteraufsatz

Die Reportage „Eine Bratwurst ist keine Kulturschande“ von Erwin Lipsky, Volksmusikpfleger für den Bezirk Oberfranken, handelt von den Oberfränkischen Mundart-Theatertagen in Kleinlosnitz. Deren besonderes Anliegen besteht darin, die Eigentümlichkeit der fränkischen Sprache zu pflegen und fränkische Geschichte ins Gedächtnis zu rufen.

Textart – Überschrift – Autor
Worum geht es?
Wo?
Warum?

Aufgabe

Zur eigentlichen Textzusammenfassung gelangst du, wenn du den Text in die **Hauptsinnabschnitte** unterteilst und dir zu jedem Sinnabschnitt eine zusammenfassende Überschrift überlegst. Dann markierst du die wesentlichen Punkte innerhalb eines jeden Sinnabschnitts mit einem Textmarker.
Überschriften und markierte Textstellen überträgst du am besten auf einen Stichpunktzettel. Den Stichpunktzettel verwendest du dann als Grundlage für die eigentliche Textzusammenfassung.
Dabei gelten die allgemeinen Regeln der Textzusammenfassung: Die Reihenfolge der Handlung und der Gedanken ist zu beachten. Handlungsschritte müssen mit sinnvollen zeitlichen Verbindungen versehen werden. Die Gedanken sind in ihrem logischen Zusammenhang darzustellen. Wörtliche Rede darf nur indirekt wiedergegeben werden.

Die beiden Arbeitsschritte sind im folgenden Text zusammengefasst:
Überschriften der Sinnabschnitte: **blau**
Wesentliche Textstellen: **fett gedruckt**

Eine Bratwurst ist keine Kulturschande

Bauernhofmuseum Kleinlosnitz bei Zell: 7. Oberfränkische Mundart-Theatertage

Lösung

I. Ausschnitt aus dem Theaterstück – Das Schicksal armer Bauern und Mägde zu Beginn des 19. Jahrhunderts

Das Brot ersäuft regelrecht. Die viel zu kleinen, nicht ausgereiften Körner faulen am Halm. Aus den fruchtlosen Ackerfurchen starrt eine gnadenlose Fratze: Der Hungertod kommt euch besuchen. Nun betet. Nur der Herrgott kann noch helfen. **1816** trifft **Oberfranken** eine katastrophale **Missernte**. Viel zu viel Regen bringt das Jahr. Viel zu viel Kälte. Und noch mehr Angst und Verzweiflung.

Und das **Unglück auf dem Hof** hört nicht auf. Die verfluchte **Lust**. Im Stall ist es passiert. Als alle anderen Hofbewohner beim Sonntagsgottesdienst waren. Einen Krug Bier haben sie miteinander getrunken. Dabei verzweifelt fröhlich gelacht, geneckt und geschmeichelt. Sich die ganze Aussichtslosigkeit zärtlich weggeküsst. Sich das ganze Elend für ein paar Minuten wild aus dem Bewusstsein gestreichelt. Und schließlich hat der **Jungbauer mit der Magd** das getan, worüber nicht gesprochen wird. Das, wozu viele Bauern in diesen Zeiten ein Recht zu haben glauben. In ihren Augen sind Mägde dazu da. Und hinterher wird geschwiegen. Totgeschwiegen.

Jetzt ist die junge **Frau schwanger**. Und damit ist sie stigmatisiert. Eine Hure. **Ohne Mann, ohne Ehre, ohne Zukunft**. Sie weiß, was ihr bleibt: der Gang ins Wasser. Es ist für alle das Beste. Für sie selbst, für den Jungbauern, seine Familie, das Dorf.

Selbst wenn der Hoferbe wollte: Er kann sie nicht heiraten. Die **Standesunterschiede** sind unüberbrückbar. Die Schande wäre zu groß. In diesen bösen Jahren, **1816/17**, schwappt eine **Auswanderungswelle** über das Land. Viele Franken sehen nur eine Zukunft: **Amerika**. Ein Land, über das damals fantastische Geschichten kursieren. Von grenzenloser **Freiheit und eigener Scholle**. Von sagenhaft fruchtbaren Böden und ertragreichem Klima. Von Milch und Honig. Auch der **Jungbauer und die schwangere Magd** finden schließlich diese Lösung. Suchen Brot und ein **neues Leben** mit anderen sozialen Voraussetzungen in den Vereinigten Staaten. Und als sie den Kleinlosnitzer „Dietelhof" endgültig und schweigend durch das knarrende Hoftor verlassen, ist es einen Augenblick lang merkwürdig still.

II. Beschreibung des Fachwerkbauernhofs in Kleinlosnitz

Es ist, als ob der museale oberfränkische **Fachwerkbauernhof**, der gerade die **authentische Kulisse zu dieser Szene** beim oberfränkischen Mundart-Theatertag bildet, an seine Vergangenheit erinnert wurde. Und es ist, als ob der mächtige Hof in diesem Knarren gequält aufstöhnt.

III. Die Wirkung der Mundart

In diesem Augenblick, als die beiden Laiendarsteller so ergreifend einfach und still abgehen, spürt jeder in der dicht gestaffelten Zuschauertraube, was **Mundarttheater** sein kann. Wie **echt** Dialekt auf der Bühne wirken kann. Wie **nah** er uns ein Bühnengeschehen bringen kann. Und wir verstehen, dass **Mundart zu mehr taugt als zu** halbwegs lustigen **Schwänken**.
Dieses Verständnis zu wecken ist Sinn und ist Anspruch der „Oberfränkischen Mundart-Theatertage“.

III.1 Geschichte des Dialekts – einst verpönt

Dialekt zu sprechen war lange Zeit **verpönt**. Vom späten 19. Jahrhundert, als das **Bildungsbürgertum** die gesellschaftlichen Wertmaßstäbe bestimmte, **bis in die 1970er Jahre** hinein, saß man einem grundsätzlichen Irrtum auf: Man hielt Mundarten für **vulgär, für eine fehlerhafte Sprache der Unterschicht**. Sah im Dialekt ein verbales Fehlverhalten, das auszurotten war.

III.2 Einstellung zum Dialekt heute – differenziertes Sprachsystem

Inzwischen setzen sich differenziertere Sichtweisen durch. Mundarten gelten **heute** als **vollwertige Sprachen**, die ein komplettes Sprachsystem aufweisen. Das freilich in Wörtern und grammatikalischen Regelmäßigkeiten von der Hochsprache zum Teil erheblich abweicht. In sich aber geschlossen und deshalb nicht weniger richtig als die Hochsprache ist.

III.3 Dialekt als Teil der persönlichen Identität

Dabei verfügt jeder **Sprecher einer ländlichen Grundmundart** über **mehrere sprachliche Varianten**, die sich je nach Gesprächspartner und Gesprächssituation abstufen lassen. Und noch eine Erkenntnis hat sich durchgesetzt: Wenn du jemandem **seinen Dialekt „austreibst“, nimmst**

du ihm ein Stück Ausdrucksmöglichkeit, **ein Stück Persönlichkeit**, ein Stück Seele.

III.4 Dialektpflege in Oberfranken

Diesen Einsichten trug man in den **letzten Jahrzehnten** Rechnung. Nicht nur, dass ländliche Mundarttheatergruppen immer mehr Zulauf bekamen, **Mundartautoren** bis in die Literaturspitze hinein **salonfähig** wurden, Gesangsgruppen sich wieder zunehmend Dialektliedern widmeten. Es **formierten sich** – auch mit Unterstützung von staatlichen Stellen – **Verbände und Arbeitsgemeinschaften**, die sogar eine **bewusste Förderung** des **Mundartsprechens** betreiben. Der Pegnitzer Lehrer Walter **Tausendpfund** ist oberfränkischer Regionalbeauftragter der „Arbeitsgemeinschaft Mundart-Theater-Franken e.V.".
Von ihm stammt die eingangs beschriebene Theaterszene. Er ist Mundartautor. Und er organisiert jedes Jahr den „Oberfränkischen Mundart-Theatertag". Ein wunderbares Forum für die Laienspieler. Und vor allem nicht nur Fachtagung für Mundart-Interessierte. Sondern eine feine Veranstaltung für jedermann.

IV. Beschreibung der Theatertage
IV.1 Reaktionen des Publikums

Schon von weitem hört man Lachen aus der Scheune des Kleinlosnitzer Bauernhofmuseums. Im Innern herrscht die trauliche Atmosphäre des Einfachen. Die Aura vergangener bäuerlicher Existenzen. Vermischt mit dem spannenden Dunstkreis, den Bühnenschaffende um sich tragen. Podium, Scheinwerfer, Requisiten, emotionales Knistern.
Sieben **Theatergruppen** und sechs **Mundartautoren** aus ganz Oberfranken sind über den Tag verteilt **zu hören**. Pegnitz, Forchheim, Kulmbach. Wo Mitwirkende und Publikum herkommen, verraten ihre Autokennzeichen. Und die Kulisse tut Wirkung auf die Auswärtigen. Eine ältere Dame mit Bamberger Zungenschlag kann sich kaum fassen: „Also **des is ja herrlich**", bestaunt sie den Dietelhof mehrmals fassungslos. Zupft hartnäckig eine jugendliche Verwandte immer wieder verschwörerisch am Ärmel und drängt: „Geh amal nei – des is wie früher."

IV.2 Volkstümlichkeit des Mundarttheaters

Mundarttheater erreicht auch **Menschen**, die **nicht ins große, professionelle Theater gehen**. Womöglich spielen dabei fehlende Schwellenängste eine Rolle. Wenn man sich wie hier jederzeit die Füße vertreten kann, jederzeit seinen Topf Kaffee holen darf, ist der durchschnittliche Kulturkonsument wohl leichter bereit, Freizeit in einem kulturellen Symposium zu verbringen. Während eines Theaterstückes eine Bratwurst zu essen ist hier eben keine Kulturschande.
Und wenn man jederzeit kommen und gehen darf ohne Angst haben zu müssen, die bösen Blicke gestörter Kulturbeflissener auf sich zu ziehen, ist mancher eben auch eher bereit, sich auf etwas Unbekanntes einzulassen.

V. Verbindung zwischen Volkstheater und Volksmusik

Zwischen den Theaterstücken gibt es immer wieder **Musik**. Dieses Jahr sorgen die Gruppe „Ilbaris“ und die „Geschwister Einsiedel“ aus Langenbach im Frankenwald für Auflockerung. Die drei Schwestern singen zur Gitarrenbegleitung mit kräftigen, klaren Stimmen **Mundart- und Küchenlieder**.
Eines ihrer Lieder heißt: „Meine Schwester ist ein Bes'n, wie das alle Schwestern sind“. Diese Aussage lässt sich ohne weiteres auch auf das Geschehen beim Theatertag münzen. Denn auch **Mundart und Volksmusik sind Schwestern**. Sie entstammen dem gleichen Elternhaus: Sie sind **Kinder einer lebendigen Volkskultur**.
Und wie Schwestern treten Mundart und Volksmusik natürlich auch in Konkurrenz zueinander. Buhlen um Aufmerksamkeit. Eifern um die Gunst des Publikums. Brauchen sich aber auch gegenseitig. Und sind im besten Falle sogar mehr als Geschwister. Sind wie Zwillinge: unzertrennlich.

Inhaltsangabe

Musteraufsatz

Zusammenfassung des Einstiegs

Die Reportage beginnt mit der Zusammenfassung eines Ausschnitts eines Mundarttheaterstücks, das das Schicksal eines Jungbauern und einer Magd zu Beginn des 19. Jahrhunderts beschreibt. 1816 ging es den Oberfranken wirtschaftlich sehr schlecht. Als ein Jungbauer eine Magd im Stall verführt, kommt zum wirtschaft-

lichen Unglück das soziale hinzu. Die Magd wird schwanger. Doch eine Heirat verbietet sich aufgrund der Standesunterschiede.
Beide haben nur eine Zukunftschance, wenn sie auswandern. Der Jungbauer und die Magd verlassen 1816/17, als Franken von einer großen Auswanderungswelle erfasst wird, ihren Hof, um in Amerika ein neues Leben in Freiheit zu beginnen.
Die Kulisse des Geschehens bietet jener Hof in Kleinlosnitz, an dem sich die Handlung ereignet haben könnte. Mundarttheater bringt das Schicksal der beiden ergreifend zur Wirkung und zeigt, dass Mundart zu mehr taugt als zu derben Schwänken.

Hinführung zum Hauptteil: Rolle des Dialekts
Hier eigentlich: Eine kurze Geschichte des Dialekts in historischer Reihenfolge

Erst seit 1970 nimmt man Mundart als kulturelles Gut wieder wahr. Im 19. Jahrhundert galt Mundart als fehlerhaft und vulgär.
Mittlerweile hat die Forschung erkannt, dass Dialekte wie die Hochsprache über ein vollständiges Sprachsystem verfügen, das dem der Hochsprache gleichwertig gegenübersteht.
Schließlich gehört Mundart auch zur Identität eines Sprechers, wenn er in einer dialektalen Umgebung aufgewachsen ist.
Insbesondere in Oberfranken gibt es mittlerweile zahlreiche Anerkennungen mundartlicher Autoren, deren Tätigkeit durch Verbände und Arbeitsgemeinschaften gefördert wird. Hervorzuheben ist Walter Tausendpfund, der oberfränkische Regionalbeauftragte für Mundartsprechen, der auch das eingangs beschriebene Stück verfasst hat.

Rückführung zur Wirkung des Theaterstücks – Kreis schließt sich zum Einstieg

Das Publikum ist von den Darbietungen der Theatergruppen und Mundartautoren begeistert.
Viele Menschen des Publikums gehören nicht zu den klassischen Theatergängern und genießen die entspannte Atmosphäre.

> Die Pausen während der Aufführungen beleben Mundart- und Küchenlieder. Volksmusik gehört wie eine Schwester zur Mundartdichtung hinzu. Beide zusammen machen erst den Eigenwert der Mundart-Theatertage aus.
>
> **Rolle von Volksmusik und Dialekt als Schlussgedanke**

Die Textzusammenfassung ohne Basissatz umfasst 275 Wörter. Die Originalreportage besteht aus 996 Wörtern. Die Kürzung entspricht auch der Faustregel, dass die Zusammenfassung nicht länger als ein Drittel des Ausgangstextes sein sollte.

Eine solche anspruchsvolle Textzusammenfassung könnte nach viel Übung als Deutschschulaufgabe gestellt werden. Im Deutschtest ist es in der Regel nur nötig, die Sinnabschnitte zusammenzufassen. Es ist aber dennoch gut, wenn du das allgemeine Prinzip kennst.

Texte erfassen nach den Prinzipien des bayerischen Deutschtests

Folgende kleine Reportage verdeutlicht die Textzusammenfassung in kleinen Schritten.
Der Deutschtest fordert keine Inhaltsangabe im Sinne der Aufsatzform, sondern verlangt, dass du in der Lage bist, den Inhalt von Sinnabschnitten zu erfassen.
Somit gilt es zunächst, die Sinnabschnitte zu erkennen. Dies ist in der Regel einfach, weil der Text meist ohnehin klar gegliedert ist.

Info

Eigentlich schreibst du stets einen Basissatz, der sich nur auf den jeweiligen Abschnitt bezieht. Du fragst, worum geht es in dem Abschnitt hauptsächlich. Benötigst du noch weitere Informationen, um den Sinn zu erfassen, musst du noch weitere W-Fragen beantworten. Betrachte hierzu die folgenden Lösungen. Selbstverständlich solltest du den Text zuerst ganz lesen, damit du weißt, worum es im Allgemeinen geht.

Matthias Hubert: Von Kren wird man schön

Oma Mauser bückt sich schon im Morgennebel am Waldrand

Lesetext

Schon um 6 Uhr in der Frühe arbeitet meine Großmutter im Morgennebel auf einem Acker am Waldrand. Sie muss sich bücken, wenn sie sorgfältig die Blätter einer Pflanze abschneidet. Es sind die überflüssigen Triebe der Krenpflanze, die das Gedeihen der Pflanze nur negativ beeinflussen. Der Acker am Waldrand ist wegen seines sandigen Bodens besonders gut für den Krenanbau geeignet. Der Kren ist ein weißes Wurzelgewächs, im Aussehen der Mohrrübe ähnlich, nur größer. Breite Blätter sprießen etwa 20 Zentimeter über der Erde.

Meine Großmutter Kunigunda Mauser lebt seit ihrer Geburt im Dezember 1917 auf ihrem Bauernhof. Sie ging im katholisch-fränkischen Hausen sieben Jahre in die Volksschule und arbeitete nach dem Schulabschluss, wie sie es von der frühen Kindheit an gewohnt war, tagein, tagaus auf dem Bauernhof.

Ohne sich durch meine Fragen stören zu lassen, verfolgt Oma unermüdlich ihre Arbeit. Sie lässt durchblicken, dass sich der Krenanbau und der gewinnbringende Verkauf, den ihr Mann in Ober- und Niederbayern einst betrieb, nicht mehr lohnen. Sie baut nur noch für den eigenen Gebrauch an. Heutzutage verdrängt der Krenanbau großer Betriebe den von Kunstdünger und Insektenvertilgungsmitteln verschonten häuslichen Anbau.

Großvater fuhr früher bis Garmisch, ging dort von Haus zu Haus, um den begehrten Hausener Kren zu verkaufen. Die gute Qualität, die die „Städter" schätzten, sorgte für einen regen Absatz.
Der Kren wurde im Rohzustand als Wurzel oder verarbeitet im Glas als Meerrettich angeboten.

Auch heute tauchen noch vereinzelt Krenweiber auf, doch die alte Tradition, zu der auch das Tragen der Tracht gehörte, stirbt langsam aus. Meine Großmutter trägt noch stolz ihre Tracht. Die Werktagstracht der Krenweiber besteht aus widerstandsfähigen dunklen Stoffen. Hervorstechend sind mehrere Unter- und Oberröcke und eine Schürze sowie eine Bluse mit langärmligem Kittel. Nicht zu vergessen das Kopftuch, das vor zu starker Sonneneinstrahlung und vor Regen bei der Arbeit schützt. An Fest- und Feiertagen wird die Festtagstracht getragen, die sich durch die hochwertige Qualität der Stoffe und die lauten Farben von der Werktagstracht unterscheidet.

Der Kren, der in der fränkischen Küche zu Rindfleisch mit Klößen oder als Beilage zu kalten Brotzeiten nicht wegzudenken ist, gilt auch als Heilmittel gegen Rheuma und Zahnschmerzen.
Und so wird's gemacht: Kren-Stange von der braunen Schale befreien, auf einem Reibeisen fein zerkleinern. Danach die rohe Masse in kochendes Wasser geben und kurz aufkochen. Durch ein Sieb abtropfen, abkühlen lassen. Vor dem Servieren mit Sahne verfeinern. Steht einmal eine Krenfrau vor der Haustüre, verrät sie noch ein weiteres Geheimnis: „Kummds Leud, esd Kre, denn vom Kre do werd me schö."

Matthias Hubert, abgedruckt in der F.A.Z. am 6.10.1992

Nun ist in der Kommentarspalte rechts jeder Absatz quasi zu einem Basissatz zusammengefasst. Daraus kann dann leicht eine Textzusammenfassung geschrieben werden.

Lösung

Von Kren wird man schön

Oma Mauser bückt sich schon im Morgennebel am Waldrand

Schon um 6 Uhr in der Frühe arbeitet meine Großmutter im Morgennebel auf einem Acker am Waldrand. Sie muss sich bücken, wenn sie sorgfältig die Blätter einer Pflanze abschneidet. Es sind die überflüssigen Triebe der Krenpflanze, die das Gedeihen der Pflanze nur negativ beeinflussen. Der Acker am Waldrand ist wegen seines sandigen Bodens besonders gut für den Krenanbau geeignet.	Kren wächst auf sandigem Boden. Die Pflege der Pflanzen ist mühselig.
Der Kren ist ein weißes Wurzelgewächs, im Aussehen der Mohrrübe ähnlich, nur größer. Breite Blätter sprießen etwa 20 Zentimeter über der Erde.	Kren ähnelt der Mohrrübe.

Meine Großmutter Kunigunda Mauser lebt seit ihrer Geburt im Dezember 1917 auf ihrem Bauernhof. Sie ging im katholisch-fränkischen Hausen sieben Jahre in die Volksschule und arbeitete nach dem Schulabschluss, wie sie es von der frühen Kindheit an gewohnt war, tagein, tagaus auf dem Bauernhof.

Großmutter Mauser arbeitet von Kindheit an auf dem heimischen Hof.

Ohne sich durch meine Fragen stören zu lassen, verfolgt Oma unermüdlich ihre Arbeit. Sie lässt durchblicken, dass sich der Krenanbau und der gewinnbringende Verkauf, den einst ihr Mann in Ober- und Niederbayern betrieb, nicht mehr lohnen. Sie baut nur noch für den eigenen Gebrauch an. Heutzutage verdrängt der Krenanbau großer Betriebe den von Kunstdünger und Insektenvertilgungsmitteln verschonten häuslichen Anbau.

Krenanbau lohnt sich heute nicht mehr, weil Großbetriebe wirtschaftlicher arbeiten.

Großvater fuhr früher bis Garmisch, ging dort von Haus zu Haus, um den begehrten Hausener Kren zu verkaufen. Die gute Qualität, die die „Städter" schätzten, sorgte für einen regen Absatz.
Der Kren wurde im Rohzustand als Wurzel oder verarbeitet im Glas als Meerrettich angeboten.

Früher vertrieb Großvater den Merrettich, indem er von Haus zu Haus zog, um seine Ware anzubieten.

Auch heute tauchen noch vereinzelt Krenweiber auf, doch die alte Tradition, zu der auch das Tragen der Tracht gehörte, stirbt langsam aus. Meine Großmutter trägt noch stolz ihre Tracht. Die Werktagstracht der Krenweiber besteht aus widerstandsfähigen dunklen Stoffen. Hervorstechend sind mehrere Unter- und Oberröcke und eine Schürze sowie eine Bluse mit langärmligem Kittel. Nicht zu vergessen das Kopftuch, das vor zu starker Sonneneinstrahlung und vor Regen bei der Arbeit schützt. An Fest- und Feiertagen wird die Festtagstracht getragen, die

Heutzutage ist Hausverkauf eher rar. Nur gelegentlich sieht man noch die Krenweiber, die ihre Ware in traditioneller fränkischer Tracht verkaufen.

sich durch die hochwertige Qualität der Stoffe und die lauten Farben von der Werktagstracht unterscheidet.

Der Kren, der in der fränkischen Küche zu Rindfleisch mit Klößen oder als Beilage zu kalten Brotzeiten nicht wegzudenken ist, gilt auch als Heilmittel gegen Rheuma und Zahnschmerzen.
Und so wird's gemacht: Kren-Stange von der braunen Schale befreien, auf einem Reibeisen fein zerkleinern. Danach die rohe Masse in kochendes Wasser geben und kurz aufkochen. Durch ein Sieb abtropfen, abkühlen lassen. Vor dem Servieren mit Sahne verfeinern. Steht einmal eine Krenfrau vor der Haustüre, verrät sie noch ein weiteres Geheimnis: „Kummds Leud, esd Kre, denn vom Kre do werd me schö."

Die Zubereitung von Kren ist einfach. Das klassische Essen ist Rindfleisch mit Kren.

Textzusammenfassung

Musteraufsatz

In der Reportage „Von Kren wird man schön" erzählt der Autor Matthias Huber von seiner Großmutter, die als Bäuerin Kren, das ist Meerrettich, angebaut hat.
Der Kren wächst auf sandigem Boden, wobei die Pflege der Pflanzen, die der Mohrrübe ähneln, recht mühselig ist. Großmutter Mauser arbeitete von Kindheit an auf dem elterlichen Bauernhof.
Der Krenanbau lohnt sich heute allerdings nicht mehr, weil Großbetriebe wirtschaftlicher arbeiten als kleine Bauernhöfe. Früher vertrieb der Großvater des Autors den Meerrettich, indem er von Haus zu Haus zog, um seine Ware anzubieten. Dagegen ist der Hausverkauf heutzutage eher rar. Nur gelegentlich sieht man noch wie früher die Krenweiber in traditioneller fränkischer Tracht, die ihre Ware verkaufen.
Die Zubereitung von Kren ist einfach, wobei das klassische Essen Rindfleisch mit Kren ist – und schön machen soll er auch.

Zeichner und Autoren

Aufsätze

Die Aufsätze und Schüler-Texte dieses Bandes stammen aus dem Unterricht von Carmen Rascher und Eckehart Weiß. Einige Texte stellten weitere Kolleginnen und Kollegen zur Verfügung. Die Aufsätze sind nicht namentlich gekennzeichnet, da sie für die Veröffentlichung mehrfach überarbeitet wurden.

Die Grundtexte finden sich, mit den Namen der Autorinnen und Autoren, in der Datenbank www.deutsch.digitale-schule-bayern.de in der Sparte „Aufsätze-Beispiele" oder „Aufsätze-Anleitungen".

Meinen Schülerinnen und Schülern sowie meinen Kolleginnen und Kollegen möchte ich für die Freigabe herzlichen Dank sagen, denn trotz Veränderungen im Detail zeugen die Aufsätze davon, was Schülerinnen und Schüler inhaltlich und sprachlich hervorragend leisten können.

Eckhard Lange

Eckhard Lange, der mit „Ecki" signiert, stammt aus Hamburg. Er lebt in Coursegoules am Rande der französischen Seealpen. Eine große Zahl seiner witzigen Zeichenfolgen befindet sich in der Datenbank www.deutsch.digitale-schule-bayern.de.

Peter Thulke

In Berlin lebt Peter Thulke, der als einer der ersten von mehreren namhaften Zeichnern Bildergeschichten für die Datenbank www.deutsch-digital.de zur Verfügung gestellt hat. Ein ausführliches Porträt des Zeichners sowie weitere Bildergeschichten finden sich in der Datenbank innerhalb der Sparte „Bildergeschichten für die Unterstufe". Ferner hat der Bange-Verlag eine exemplarische Zusammenstellung von Peter Thulkes Bildergeschichten als Kopiervorlagen für den Unterricht herausgegeben unter dem Titel: Peter Thulke und Eckehart Weiß, „Bildergeschichten für die Unterstufe", Hollfeld 2004.

Daniel Nikol

Der Zeichner des Joghurtbecher-Telefons besuchte das Gymnasium und studiert Produktdesign an der Fachhochschule Coburg.

Jürgen Hein
Der Autor der Erzählung „Waffelkekse schmecken lecker" ist in Berlin aufgewachsen und lebt nun in Oberfranken. Er ist freier Journalist und schreibt Erzählungen.

Erwin Lipsky
Der Verfasser der Reportage „Bratwurst ist keine Kulturschande" ist Musiker und Journalist, und er ist der Volksmusikbeauftragte des Regierungsbezirks Oberfranken. Er lebt in einem kleinen Dorf im Landkreis Hof.

Willy Fährmann
Die Erzählung „Der große Regen" ist dem Buch „Der Mann im Feuer" entnommen, mit freundlichen Genehmigung des Arena-Verlags Würzburg.

Der Lindwurm *Eckhard Lange*

Diktate

Die ideale Hilfe für Eltern und Lehrer!

Wie verbessere ich die Rechtschreibung und Grammatik meines Kindes / meines Schülers?

Die Reihe Diktate bietet hier die ideale Hilfe für Eltern und Lehrer!

- zahlreiche altersgerechte Diktattexte mit vielen zusätzlichen Übungen zur Rechtschreibung und Grammatik.
- einsetzbar als Übungs- bzw. Prüfungsdiktat
- Lösungen zur Kontrolle im Anhang
- Verzeichnis zum schnellen Auffinden der Übungen
- in Anlehnung an die Lehrpläne
- Diktat und Übungen können unabhängig voneinander eingesetzt werden

---

Klaus Sczyrba
Diktate für das 2.–4. Schuljahr
- mit Übungen zur Rechtschreibung u. Grammatik
GS (HS), 250 Seiten
Best.-Nr. 1476-1

Klaus Sczyrba
Diktate für das 5.–7. Schuljahr
- mit Übungen zur Rechtschreibung u. Grammatik
HS / RS / Gym (HS/AHS)
316 Seiten, zweifarbig, kompl. überarb.
Bestell.-Nr. 1486-9

Klaus Sczyrba
Diktate für das 8.–10. Schuljahr
- mit Übungen zur Rechtschreibung u. Grammatik
HS / RS / Gym (HS/AHS),
240 Seiten
Best.-Nr. 1478-8

Thomas Möbius
Diktate für das 4.–5. Schuljahr
- mit Übungen
HS / RS / Gym (HS/AHS)
205 Seiten, zweifarbig
Best.-Nr. 1446-X

Thomas Brand
Diktate für das 6.–7. Schuljahr
- mit Übungen
HS / RS / Gym (HS/AHS)
240 Seiten, zweifarbig
Best.-Nr. 1447-8

Klaus Sczyrba
Diktate für das 5. Schuljahr
- mit Übungen zur Rechtschreibung u. Grammatik
102 Seiten
Best.-Nr. 1488-5

Klaus Sczyrba
Diktate für das 6. Schuljahr
- mit Übungen zur Rechtschreibung u. Grammatik
148 Seiten
Best.-Nr. 1489-3

Klaus Sczyrba
Diktate für das 7. Schuljahr
- mit Übungen zur Rechtschreibung u. Grammatik
112 Seiten
Best.-Nr. 1490-7

Bange ... leichter lernen!